SECRET OF DEATH

＊

99%の人が知らない死の秘密

山川紘矢

KOUYA YAMAKAWA × TOSHIRO ABE

阿部敏郎

興陽館

SECRET OF DEATH
99%の人が知らない
死の秘密

人が死ぬって、どういうこと？
誰もが死ぬとわかっているのに、
どうして「死ぬのは怖い」と感じるの？
人は死んだら、どうなるの？
行先が天国と地獄にわかれるの？
何度も何度も生まれかわる
「輪廻転生」って、本当にあるの？
多くの人……たぶん99%の人にとって、
死はわからないことだらけ。
でも、1%の人は知っています、
それを確かに体感することが、
死をめぐる不安や疑問を解く唯一のカギです。

目次

第1章 「死ぬ」ってどういうこと？

不思議な話①
なぜこんなことができるの？

第2章 「死に方」を考える

不思議な話②

第3章 死後の世界を想像してみる

不思議な話③ ソウルメイトってなんだろう？

SECRET OF DEATH

✳

第1章

「死ぬ」ってどういうこと?

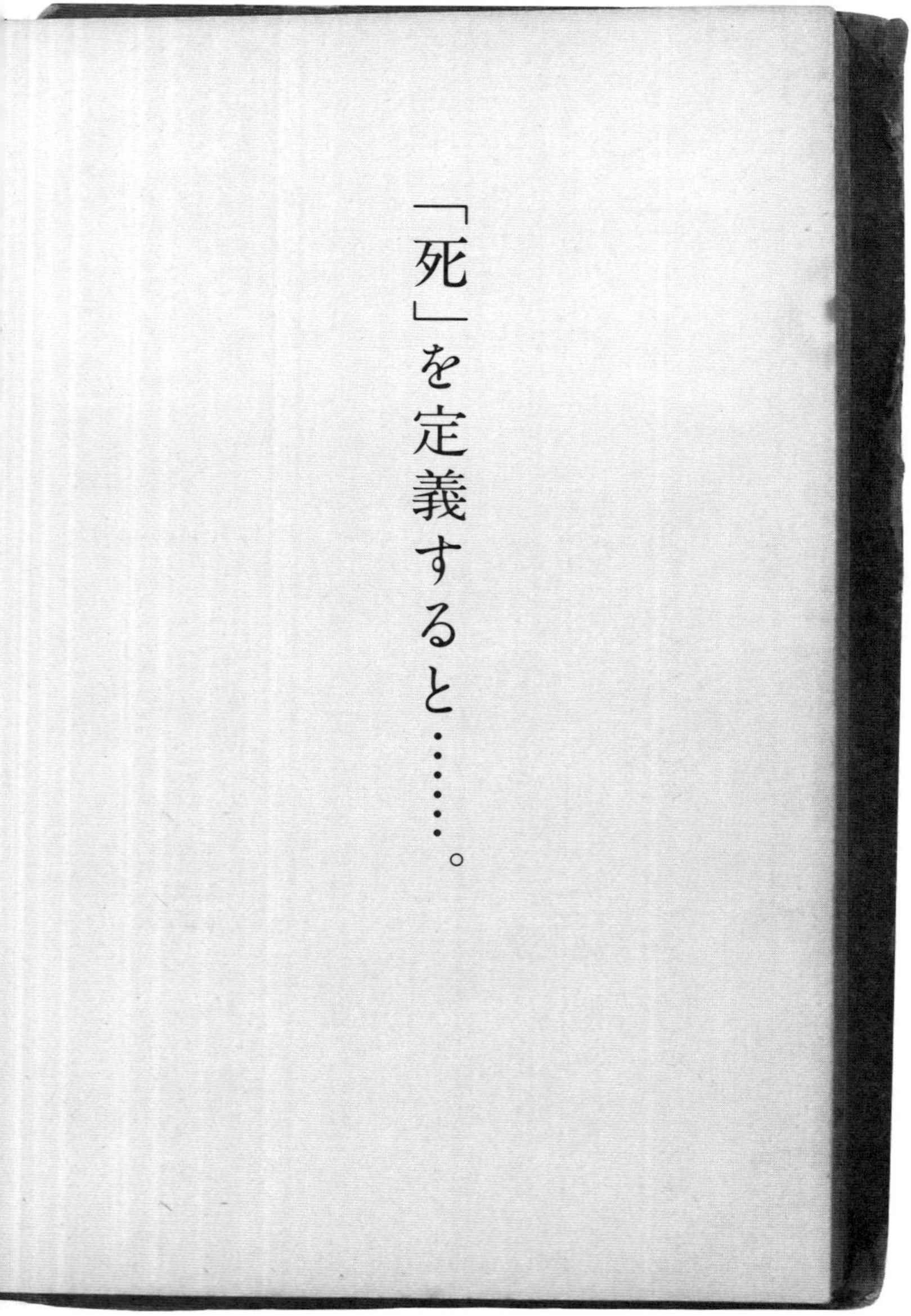

「死」を定義すると……。

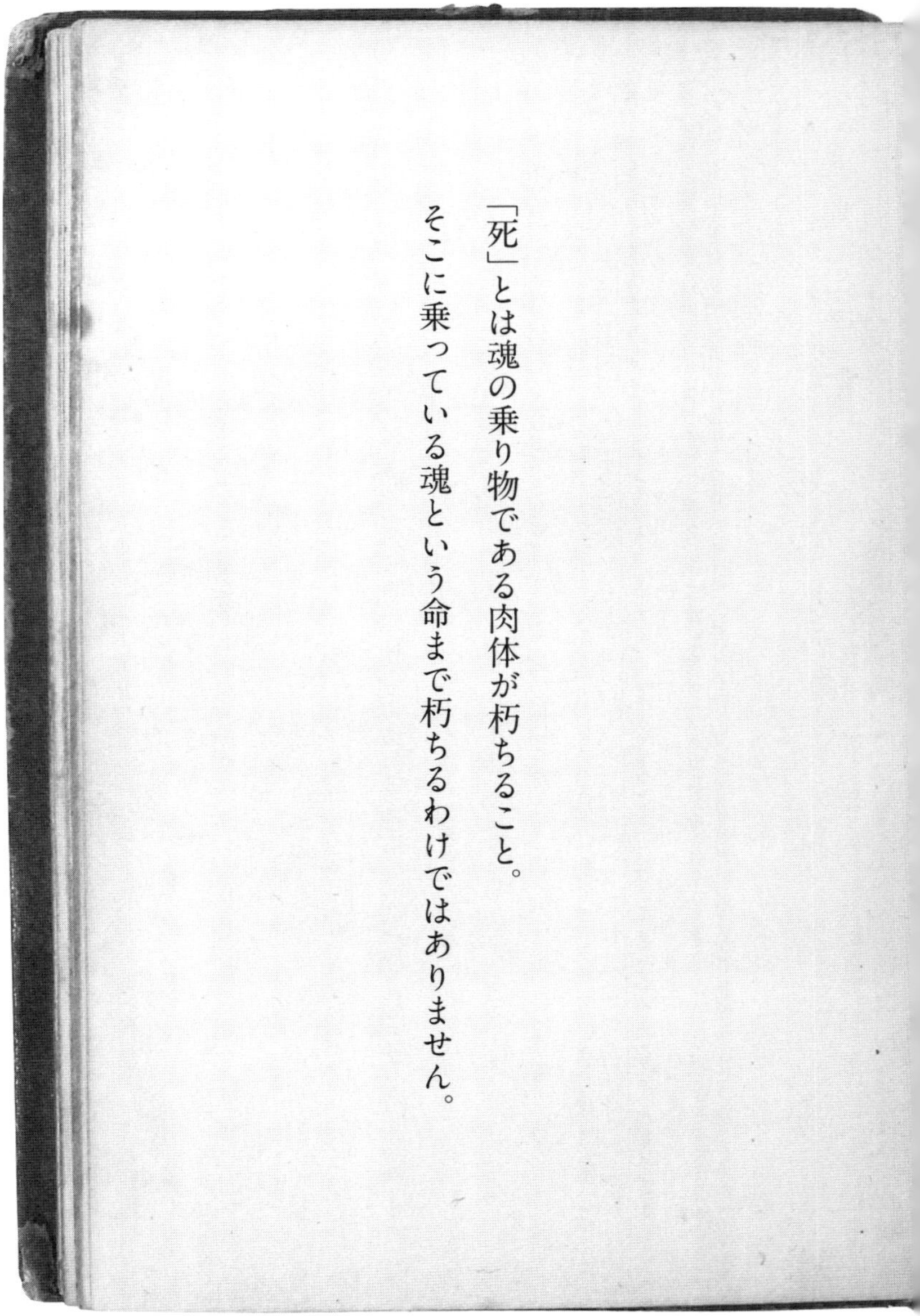
「死」とは魂の乗り物である肉体が朽ちること。
そこに乗っている魂という命まで朽ちるわけではありません。

＊死んだら、どうなるのか――山川

人間を含めて、生きとし生けるものにはすべて、肉体の死が訪れます。生まれたばかりの赤ちゃんも、やがては死んでゆきます。肉体は生まれた瞬間から、死に向かって進んでいるのです。

そうして死んだ肉体は、二度とよみがえることはありません。どんな術を施そうと、ただ朽ちていくだけ。人はそれを知っているから、朽ちるに任せず、荼毘に付したり、土に還したりして、肉体の死を弔うのです。

しかし、肉体はなくなってしまっても、魂は不滅です。

魂にとって肉体は、今生を生きるための乗り物に過ぎません。たとえば、車が壊れたら新しい車に乗り換えるように、あるいは季節ごとに衣替えをするように、魂は新たに生まれる肉体に乗って、今生とは異なる人生を生きるのです。

つまり、「輪廻転生」――。

魂はその輪廻転生のなかで、さまざまな肉体で演じる生と死を何度も何度も繰り返し学んでいるのです。

このことをぼくは確信しています。それどころか、「人は死なない。輪廻転生を繰り返す永遠の存在だ」と、人々に伝えることが自分の使命だと思っています。

なぜって問われると、「直感した」としか言いようがありません。

あれは、ハリウッドの有名女優、シャーリー・マクレーンが自分の生まれる前、つまり前世を探求した書『アウト・オン・ア・リム』を翻訳し終えたころ。仕事でワシントンD.C.に住んでいたぼくが東京に戻り、大蔵省・関税局の課長をしていた１９８５年のことです。アメリカ大使館の近くを歩いていたとき、不意にその使命を直感したのです。まさに、天からの直撃のようでした。

それまでのぼくは、『アウト・オン・ア・リム』を翻訳している最中でさえ、実は輪廻転生があることを心から信じてはいませんでした。シャーリー・マクレーンが、「あるとき、チャネラーを通して出てきた精霊に、自分の前世について聞く機会があり、その後も精霊と会話を重ねるにつれて、輪廻転生があるのではないかという思いが強くなっていった」と言っているのを「真実かもしれない」と感じてはいました。それが天啓のような直感を経て、確信に変わったわけです。

その後、ぼく自身にも精霊たちとの出会いが訪れました。そして、精霊に輪廻転生があることも教えられました。いきなり「精霊」とか言うと、みなさんはぼくを〝頭のおかしな変な人〟と思うかもしれませんが、ここではとりあえず聞き流してください。

いずれにせよ、あなたの魂は今生だけを生きる存在ではありません。ずっと以前にも別のいくつもの肉体のなかに宿っていたことがありました。

そう考えると、「人は死んだらおしまい」ではないでしょう？　今生は「魂のひとつの経験」であり、幸せに楽しんで生きればよいのです。死は新たな経験の始まりでもあるのだからむやみに恐れる事もありません。死は祝福だということでもあります。

どうですか、心が穏やかになりませんか？

いつかまた、別の肉体で、別の体験をするために生まれ変われるのですから、死ぬことも大切な経験のひとつになるでしょう。とにかく、死から逃げることはできません。

✳死後の世界は存在するのか——阿部

死に対する認識は、なにを自分として感じているかで変わってきます。もし「自分は肉体であり、それ以外の何物でもない」と感じているなら、死と共にすべては消滅することになります。いまの科学も医学も唯物論なので、一般的にはこの考えが常識とされています。

ところが最近になって「自分は肉体そのものではなく、肉体の中に住む魂だ」と感じる人が増えてきました。テレビでの江原さんや美輪さんらの活躍もあって、社会がこのような考えに心を開き始めたように思います。

と同時に、唯物論の人たちの中にも、内心は、死後も何らかの存在が続くと感じている人が多いのではないでしょうか。でなければお葬式もお墓参りもしないでしょうし、神仏に手を合わせることもないはずです。

しかし死後の世界には確証もなく、非科学的な考えになることから、表だってそのような態度を見せないだけのようにも思います。

ぼくたちは人間を超えた何らかの力が存在することや、死によってすべてが消滅するわけではないということを、心のどこかで知っているのではないでしょうか。もちろんその背景には死への恐怖があり、その恐怖から逃れるために死後の世界を信じたいという気持ちもあるかもしれません。

さてここに、もうひとつ別の考え方があります。それは「自分は肉体でも魂でもなく、大いなる源意識そのものだ」というものです。死後も何らかの存在が続くことは共通していますが、はなから個別の魂など存在せず、死後は大いなる源の中に融合していくという考えです。

大いなる源は、目覚めた純粋意識であり、この意識の感得を、さとりとか目覚めとか呼んでいます。

この考えを持つ人の中にも二通りあり、死と共に直ちに大いなる意識と融合するという説と、融合に至るまでには個別魂としての修業が必要で、それまでは生まれ変わりを繰り返すという説です。

僕自身は、個別魂さえも幻想だと考えています。

死と共に個という幻想から解放されて、大いなる意識そのものとしていまここに在りつづけるのではないかと。

実は命こそが意識であり、もともとひとつです。あなたの命もぼくの命も、犬や猫の命も、草木の命も、生きているものの命はみんな、根っこは同じ。もっと言えば、無機物の基本成分もそう。それぞれが存在を、「分離した個」として感じるのは、命がいろんな振動数によって現象化しているからそのように見えるのだと思います。

鴨長明の『方丈記』じゃないけど、「ゆく河の流れはたえずして、しかももとの水にあらず。よどみに浮かぶうたかたはかつ消え、かつ結びて、久しくとどまりたるためしなし」。

あるいは、オイルの泡が熱によってひとつになったり分離したりして浮かんでは沈む、インテリアのランプがあるでしょ？　イメージ的には、あんな感じです。

命は常に瞬間、瞬間にあらゆるところで「生じては滅し、滅しては生じ」を繰り返しているのだと思います。

つまり、ぼくらの命は無限に広がる宇宙そのもの。存在のすべて。だから命は死なない。それをぼくは何の疑いもなく認めざるをえないくらいのリアリティを持って確信しています。

マインドによる絶え間ない解釈や判断から離れて、ただ静かに座って静寂の最奥に沈んでみてください。きっと、「自分は肉体でもマインドでもなく、それらを使っている命そのものだ。肉体の中に命があるのではなく、命が肉体を持っているんだ。だから肉体が朽ちても死ぬことはない」と実感することでしょう。

第一章

＊

「死ぬ」ってどういうこと？

魂って そもそもなに?

魂には、相矛盾する二つの側面があると思います。
ひとつは、すべての存在に共通の大元。
「大いなる宇宙」とか「宇宙の根源」などと呼ばれるものです。
もうひとつは、個を形成するクセのようなもの。
「カルマ」はその代表選手だね。

＊魂に個別性はあるのか──山川

魂の大元はひとつ。大いなる宇宙そのものです。

ただ、宇宙はひとつでありながら、その無限の広がりには無数の魂が遍在していま す。言い換えれば、個々の魂はひとつの宇宙に属し、宇宙の大きな愛に包まれているのです。

こういう考え方を「ワンネス」と呼びます。

私たちはみんな、違っているようですが、もとを正せばひとつの愛に満ちみちたエネルギーなのです。


一方で、個々の魂は多種多様な個性を持っています。それが生きる現実のなかで、さまざまな現象を起こします。

二つとして同じ魂はない、というのもまた真実なのです。

今生に生きる私たちすべての存在は、同じ宇宙から生まれ、ひとつにつながった仲間だけれども、それぞれに個性を発揮しながらそれぞれ違った経験を積んでいる。そんなふうに魂を捉えていただければよいかと思います。

では、個々の魂が現世で積んだ経験は、宇宙全体、言い換えれば宇宙に属する無数の魂のどれかに引き継がれていくのでしょうか。輪廻転生の考え方には、「ひとつの魂はひとつの生をいきた後でまた大いなる宇宙にかえるのだから、そこでいったん現世で経験したことに個別性はなくなる。今生の自分ではない別の魂がその経験を背負って生まれてくる」とする説もあります。

ぼくは違うと思います。大いなる宇宙にかえっても、魂の個別性は保たれると思うのです。

そうして、同じ魂が何度も生まれ変わるなかで多くの経験を積み、カルマとかクセのようなものを受け継ぎながら、固有の魂が徐々に磨かれていくような気がします。そうでなければ、つまらないし、ロマンチックじゃないでしょう？　だから、輪廻転生する魂は、いつも同じ魂だと、ぼくは考えています。個人のカルマがあり、今生自分を磨けば、来世はより楽な人生になると思っています。

✳魂の個別性は保たれる――阿部

あはは、ロマンチックじゃない……か。山川さんのそういう深刻さのないところが好きです。

その山川さんに「阿部さんだって、いろいろな前世で魂を磨いてきて、いまここにいるんですよ」と言われると何だかそんな気がしてしまう。

でもぼくには、そうではないという感覚もあります。個性を持っているのは魂ではなく、命の乗り物である肉体と精神ではないかと思うのです。

にもかかわらず、「阿部さんだって生まれ変わってここにいる」と言われると、そうかもしれないと思ってしまう。

輪廻転生というものがあるとしたら、それは個別魂そのものではなく、なんらかの思考の痕跡であるところの、カルマの可能性もあります。

カルマというと、「何か悪いことをしたから、悪いことが起こる」と思っている人がいますが、そういう善悪論ではありません。

宇宙は本来、完璧な状態で、いまここで流れ続けています。そのことを「ダルマ――宇宙の法」と言います。あらゆる生きものはダルマを生きています。だから、そこに摩擦は生じません。

ところが、人間には自由意思があり、ダルマに沿わない言動をすることが可能なんですね。その思考や行動が宇宙の流れに沿わない場合、摩擦が生じます。それがカルマ、人間のある種の観念というか、物事をありのままに見られない心理的なゆがみのようなものです。もしそれが個々に刻まれる痕跡だとしたら、魂には個別性があることになります。

魂とは果たして、ぼくらが日常的に個として感じているものなのか、あるいは大いなる宇宙という普遍的なものなのか。ここがすごく難しいところだけど、ぼくはどちらも真実ではないかと思います。

大いなる宇宙としての普遍的な魂と、カルマを留めた個としての魂。そのふたつの相矛盾する側面がある、それが宇宙全体でもあり個でもある魂の実相じゃないかと思うのです。

第一章

＊

「死ぬ」ってどういうこと？

死んだ後、魂は次の〝乗り物〟をどうやって選ぶの？

今生では知りえないことだけれど、
カルマを持つ個の魂が自ら選んでくるのかもしれないね。
もちろん、次の乗り物もまた人間、とは限りません。
人間だとしても、どこの誰になるのかはわからない。
そこにはたぶん、カルマだけではなく、
宇宙の意思が働いているのではないでしょうか。

✳親を選んで生まれてくる――山川

人は生まれる前に、「自分が生まれる国・地域を選んできた」「自分の両親を選んできた」といった話を聞いたことがありませんか?

実際、三歳くらいまでの小さな子どもたちのなかには、「お空にいたころ、どの人がいいかなぁと思って、お母さんになってくれる人を探していたの。とてもやさしそうな人だったから、お母さんを選んで生まれてきたんだよ」などと言う子どもがいるそうです。生まれてすぐのころには、まだ大いなる宇宙にいたころの記憶が残っているのかもしれません。

ぼくがこの種の話を聞いたのは、いまから二十年以上も前、アメリカにいたときのことです。

最初は「本当にそんなことがあるのだろうか」と驚きました。それもまた神さまが定めた運命なのでしょうか。

スピリチュアルな世界に触れ、魂のレベルで自分を見られるようになったいま、ぼくは心から「人はみな、この世に生まれるとき、すべての条件を選んで生まれてきた」と信じています。

生まれる時代も国・地域も、性別も容姿も、親兄弟も出会う人たちも、全部選んでこの三次元の現世にやって来たのです。

「そんなことを言われても、自分で親を選んだ覚えはない」

多くの人はそう反発するでしょう。私にも覚えはありません。

なぜでしょう？

それは、魂は新しい乗り物に宿ったとき、どうやって決めたのかも、どんなシナリオの元に生まれてきたのか、あるいは、前世の記憶も忘れるようになっているからです。

考えてもみてください。もし生まれ変わっても、前世のつらく苦しい記憶をとどめていたら、大変だと思いませんか？「あんな思いをして、また一生を送るのか」とトラウマだらけでしょう。生きるのが苦しくなってしまいます。

そんな思いをさせないために、まっさらな新しい人生を始められるよう、前世の記憶を消すという形で、大いなる宇宙は計らってくれるのです。なんという恩寵、愛の深さでしょうか。しかし、魂は前世での傷、トラウマを抱えていると思います。


実はワシントンD.C.時代、ぼくはリア・バイヤーズというアメリカ人のチャネラーを通して、自分の過去世を教えてもらいました。彼女とは共通の知人を介して「精霊がトシ（ぼくのこと）にメッセージを伝えたいと言っている」と伝えてきて出会いました。当時は半信半疑。好奇心からドキドキして、会ってみようと思ったのでした。

そのときに、彼女が「精霊はなんでも知っています。なんでも聞いてみてください」と言うので、ぼくは試しに自分が前世で何をしていたのか聞いたのです。それで、中国人、ロシア人、アメリカ人だったときの過去世を教えられました。また、後年、いろいろな機会に、イギリス人やアメリカインディアンであったことも、納得できるようなエピソードとともに知りました。

たとえば、ぼくは冬の寒さが大嫌いなのですが、それはロシア人だった時のことと関係がありそうです。というのも、その過去世におけるぼくは虐げられた民衆のために革命を起こそうとして失敗し、牢獄につながれたらしいのです。もちろん、思い込みの域を出ませんが、ひどい寒さの中で凍えて死んだような気がします。苦しい切ない前世でした。

また、ぼくはアメリカのカリフォルニア州ビッグサーにあるエサレンというところが大好きで、毎年のように行っています。ここでは年間を通じて、自分を知るための各種セミナーが行われています。そこでたまたま二十歳そこそこのアメリカ人の青年と出会いました。

彼が「どうしても日本に行きたい」というので、軽い気持ちで「ぼくの家に来たら？」と言ったところ、本当にやって来ました。そして、一カ月ほど彼を預かって、日本語を教えたり、明治大学の剣道部の仲間に入れてもらったり、楽しい時間を過ごさせました。あまり勉強好きではないのに、彼はすぐに日本語を覚えたし、習字では最初から見事な字を筆で書きました。日本食も大好き。不思議に思ったことを覚えています。

それに、ぼく自身が彼の親のような気持ちになったことに驚きました。そこで、精霊に過去世での彼との関係を聞いてみたのです。

するとぼくはその昔、カリフォルニアに住んでいたエサレン族というインディアンだったとき、彼はぼくの赤ちゃんだったのだそうです。ただ、ぼくは仕事のために部族の村や家を離れ、彼の面倒を十分に見てあげられなかったというのです。

だから、今生で彼の面倒を見て、そのときの負債を返している。精霊はそう言うのです。本当かどうかはわかりませんが、ぼくは何となく納得できました。魂の縁とは不思議なものです。どうして、彼の日本行きをサポートしたのか、彼の面倒を見たのか、そんなことを自分がするのは不思議でした。

しかも、彼は別の過去世で日本人だったことがあり、江戸の下町に住んで人々に書道を教えていて尊敬されていたとか。剣道の腕もたしかだったようです。これも非常に納得のゆく話でした。

こういった経験があるので、なおさらぼくは「魂は自分で乗り物を選んで生まれ変わっている」ことに対する確信が強いのでしょう。

もっとも、過去世は知らなくてもいいことです。知らなくてはならないものなら、いずれ時機がきたらチャンスが訪れ、自然にわかることだと思っています。過去生のいろいろな例についてはＰＨＰ文庫の『奇跡は起こる』にたくさん出ています。

✳受精は決められていた——阿部

命の誕生について、かつてぼくたちは「受精」という観点から、こんなふうに教わりました。

億単位の精子が子宮を目指して、ワーッと泳いでいきます。大半は死滅し、無事に卵管の上のほうにたどり着けるのは百個弱。彼らは卵子が下りてくるのを待ち構え、そのなかで最初に卵子に触れた精子だけが、卵子に入り込みます。

と同時に、卵子の周りに膜ができて、ほかの精子は侵入できなくなります。それが受精の瞬間。つまり何億倍もの激しい生存競争を経て、もっとも健康で元気で強い精子だけが生き残るのです。

ぼくも長いこと、この説を鵜呑みにしていました。ところが最近になって、まったく違う考え方を聞きました。「子宮に到達する精子は、あらかじめ決まっている」というのです。そして、ほかの精子たちはみんな、その〝予定調和的に決まっている精子〟を無事に子宮に送り届けるために、協力して援護しながら泳いでいくのだそうです。

もう目からウロコ！　おもしろい考え方だなぁと思いました。同じようにぼくたちも、どこで生まれて、何をして、どう生きていくか、ということがすべて決まっています。言い換えれば、大いなる宇宙のシナリオ通りに、寸分の狂いもなく、ことが起きているのです。

その観点から見れば、誕生するときに子宮に到達する精子が決まっているのは当たり前の話です。いやぁ、盲点でした。

思うに、ぼくらがずっと聞かされてきた「命の誕生のメカニズム」というのは、資本主義社会を正当化する論理だったのかもしれない。だから、命の誕生も「適者生存」みたいなところで解釈したほうが、都合が良かったのでしょう。

それに、魂の大元はひとつなんだから、援護する精子たちだって死ぬわけじゃありません。そのときはたまたま「命の誕生を手助けする精子」としての役割を担っただけで、別のときは援護してもらう側になるのかもしれません。

あと、死んだ後に魂が次の乗り物をどうやって決めるか。ぼくも山川さんと同じように、「自分で選んでくる」ということにまったく同感です。

ただし自分といっても、たとえば「鈴木太郎が死んだら、鈴木太郎が選ぶ」のではない、と思うんです。鈴木太郎というのは、今生の人生を歩むうえでつくりだした、単なる自己イメージに過ぎません。

でも、鈴木太郎を生かしていた魂、つまり「本当の私」には「鈴木太郎というゲームをやった」という意識があるはず。その意識が「さて、次はどんなゲームをやろうかな」と、次の乗り物を選んでいるんだと思います。

したがって、選ぶ自分とは、大いなる意識であるところの自分です。

「自分とは何か」

この答えがまずありきでないと、話が混乱すると思います。

第一章

＊

「死ぬ」ってどういうこと？

死ぬときはやっぱり
苦しいのかなぁ……。

死に至るプロセスには、
少なからず苦しみや痛みがあるでしょう。
でも死ぬ瞬間は、どうだろう。
誰もが幸福感に満ちているんじゃない？
だって、死は解放なのだから！

＊死は解放です

山川

ぼくの父は30年近く前に亡くなりました。享年79歳。

「チチキトク　スグカエレ」の電報が届いたのは、ワシントンD.C.での勤務を終えて帰国する途上のこと。ロサンゼルスに立ち寄り、精霊から「前世の母親」と告げられたアメリカ人の女性に会った、その夜のことでした。彼女は美しい人でした。

大急ぎで帰国し、父が入院している愛知県豊川市の国府病院に駆けつけました。父はもう何日も死んだように、虫の息で横たわっているだけでした。でも、ぼくが「いま、帰ったよ」と言い、父の体を大きく揺さぶると、にっこりと微笑んだのです。ぼくには「わかったよ、うれしい」と言っているように思えました。

母はぼくの乱暴なふるまいに驚き、もう何の反応もしなくなっていた父が笑ったことにびっくりしていたことを覚えています。父が亡くなったのは、その翌日でした。

その母が亡くなったのは、二〇一〇年二月のこと。100歳と四カ月でしたが、最後まで元気に暮らしていました。最期の言葉は、

「ああ、いい人生だった」――。

いまごろは両親が二人して、宇宙から微笑んで愛を送ってくれていると思います。

あるいは、もう生まれ変わったでしょうか。


ぼくはそんなふうに両親の最期を看取った経験からも、こう思うのです。人は誰でも死の瞬間、幸福感に満たされていると。もちろん、例外もあることは知っています。現世には苦しいこと、つらいこと、悲しいことがいっぱいあります。長く病気を患っていた人は、肉体を蝕む苦痛をイヤというほど味わったかもしれません。あるいは、事故などで一瞬のうちに事切れた方もおられるでしょう。

どんな死に方にせよ、死は解放です。今生での役割を終え、満ち足りた気持ちで大いなる宇宙へかえっていくと思います。死は祝福。飲めや歌えや、踊ろうよの葬式もいいかもしれない。

あなたも感謝して死にたいでしょう？　だったら、生きているいまこのときにも感謝して生きるのがいい。穏やかな気持ちになれるはずです。

＊「よかったぁ──っ！」の一言で──阿部

これは、知り合いから聞いた話。彼のお父さんはずっと病気に苦しんでいましたが、いまわの際にカッと目を見開いて、こう言ったそうです。

「よかったぁ──っ！」と。

このたったひとことに、死の至福が凝縮されている。ぼくはそう感じます。

今生にはいろいろ苦しいことも、つらいこともあったでしょう。闘病生活には苦しみしかなかったかもしれません。と同時に、人生には嬉しいこと、楽しいこともいっぱいあったと思います。

そういった今生で起きたすべてのことを肯定したんじゃないかな。

もっと言えば、死の瞬間に「肉体はなくなっても、自分の存在はある」と実感したのか、大いなる宇宙の様相が見えたのか……。

たぶん、他人の目や外側にこだわって生きた今生の自分を客観視して、「なぁんだ、自作自演のひとり芝居だったんだな」と気づく。そして死の瞬間、本来のあるがままの自分、つまり魂の意識みたいなものがぶわーっと膨張していって、解放感と幸福感に満たされる。誰もが死の瞬間にそんなふうに感じるんじゃないかと思います。

知り合いのお父さんが「よかったぁ――っ！」って言ったのも、そういう気づきから来ているような気がします。

そんなふうに死ねるのって、いいと思いませんか？

というか、ぼく自身はみんながそうなることを期待している。誰もが死の瞬間、最後の最後に救われると思うのです。

今生を生きていくプロセスがたとえ苦しいものであっても、それが自作自演のお芝居だとわかればおもしろい。で、死の瞬間に心が解放されるのなら、十分生きた甲斐があるでしょう？

表面的に苦しんで死んでいったように見えても、「ああ、いい人生だった」って言いながら死んでいっても、それは外側から見える違いであって、魂レベルではどちらも同じことが起きていると思います。

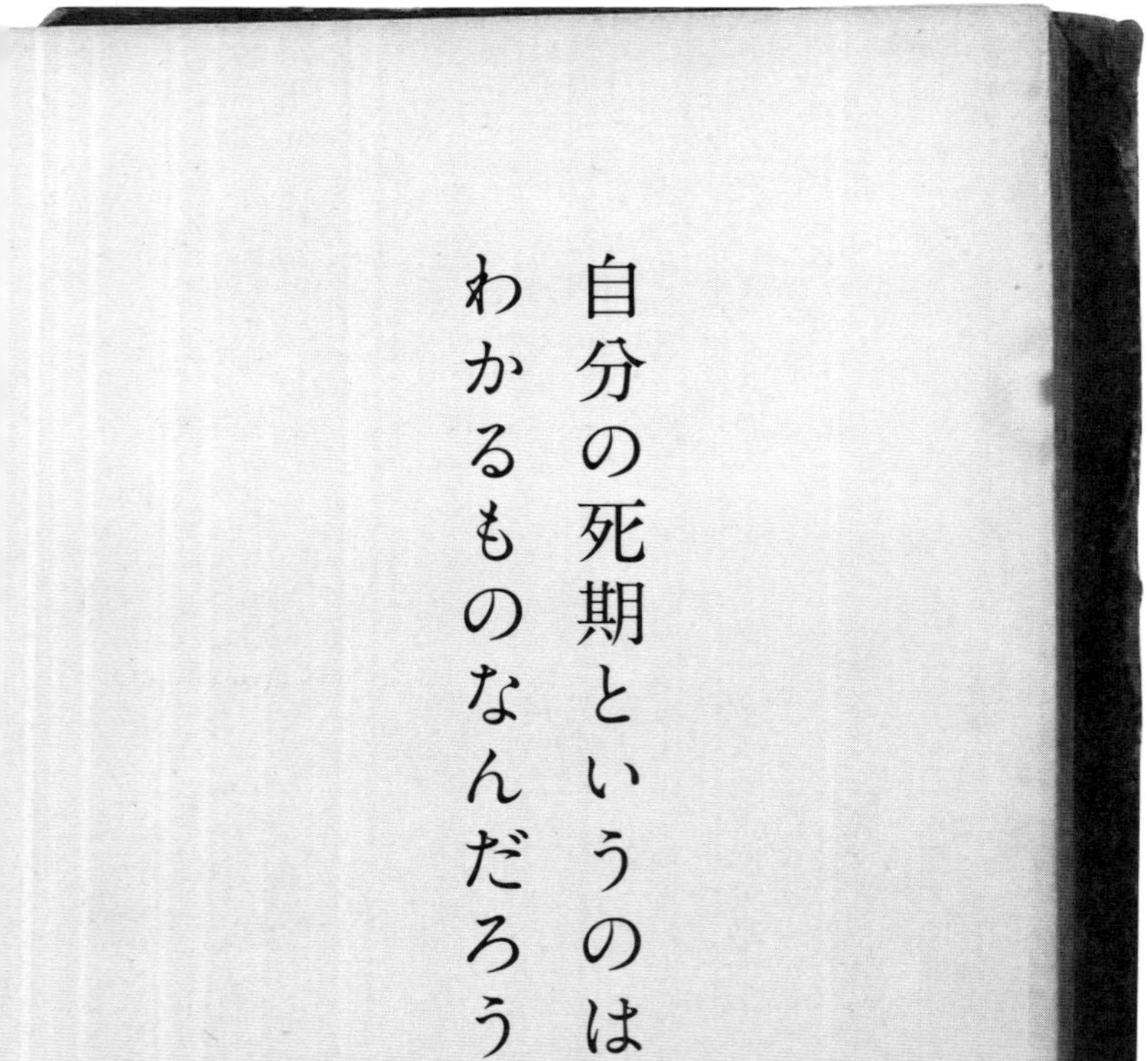
自分の死期というのは、
わかるものなんだろうか。

自分の死期を知りたいですか?
そんなこと、知りようがないし、どうでもいいじゃない。
定められた時が来れば死ぬ、それだけだよ。
いつ死んでも、それは「いま」でしかないのです。

＊この世のすべてはゲーム――――山川

日本人男性の平均寿命が、初めて80歳を超えました。80・21歳で、香港・アイスランド・スイスに次いで世界4位だそうです。

一方、女性は86・61歳で、2年連続・堂々の世界一！

ただし、この数字は0歳の平均余命を意味します。厚生労働省の簡易生命表（平成25年）を見ると、いま30歳の男性は80・93歳で女性は87・09歳、40歳の男性は81・29歳で女性は87・32歳、50歳の男性は81・92歳で女性は87・32歳、60歳の男性は83・14歳で女性は88・47歳……年齢が高くなれば、それだけ平均余命も延びるようです。

すごいですね。もはや「人生80年」という言葉は実にリアルですし、これからは「人生100年」の人もそう珍しくはなくなるでしょう。今では100歳以上生きる人もたくさんいます。なんとなく自分も100歳までは生きるのかなという予感さえします。

けれども、言うまでもなく、これはあくまでも数字上のお話です。誰もが平均寿命まで生きるわけではなく、逆に平均寿命を超えても死なない人は大勢います。

つまり、自分がいつ死ぬかは、誰にもわかりません。でも、決まっています。大いなる宇宙の力によって、ぼくたちはシナリオ通りに生かされているのです。

だから、自分で死期を知ろうなんて思う必要はありません。

「時期がくれば、やがて人は死ぬ。自然に命が尽きるまで、人生を良く味わって生きていこう」

それでいいのです。


もっとも、ぼく自身は先にものべたように、「100歳までは元気で生きたいな」と意欲満々です。

もちろん、なんの根拠もありません。精霊が教えてくれたのでもない。単なる感覚と願望です。そう願う一方で、

「死ぬ時期はすでに決められているのだから、いつ来ても不思議はない。自分の人生のこの先のシナリオがどうなっていくのか、よく味わいながら生きていこう」

と思っています。

みなさんもいまのうちに、「この世のすべては芝居かゲームだ」と気づいてください。死期など気にならなくなり、とても生きやすくなりますよ。また、八十歳以上なら、いつ死んでも不思議はないということです。

✳いまこの一瞬を生きること――阿部

「いま、生まれた〜っ!」

ぼくは毎朝起きると、お約束のように、そんな感覚になります。新しい一日を始めるうえで、これほど幸せな感覚はありません。

置かれている環境や条件は人それぞれだし、日によっても変わってくるけど、だから何? 赤ちゃんが自分の置かれた環境を黙って受け入れ、何ひとつモンクを言わずに人生をスタートさせたように、ぼくらも毎日、朝起きた時点から黙って生きていけばいいのです。

そういう意味では、夜眠りにつくのは死と似てなくもないですね？　時間がくれば眠くなって寝てしまうのと同じで、時が熟せば死が自然に訪れる、ということでしょう。

でも本当はね、ぼくらは一瞬一瞬、生まれては死に、死んでは生まれているんですよ。だって、「いまの自分」は一瞬後には「過去の自分」になるのだから。

もっと長い時間で考えてみましょうか。たとえば10年前は、いま振り返ると過去だけど、10年前のそのときに生きていたのは「いま」だよね？　逆に、10年先は未来だけど、その日が来ればやっぱりぼくらは「いま」を生きているでしょう？

ということは、「いま」は一瞬の後に過去になり、未来は刻々と「いま」になる。つまり、ぼくらは「いま」にしか生きられないんです。そこに連続している自分という実体があると感じるのは、意識が見せる錯覚なんです。

それなのに、「いつ死ぬか、知りたい」と思うなんて、ほとんど意味がないんじゃない？　変な言い方だけど、「いつも死んでる」わけだから。

大事なのは、「いま、何を考えるか」「いま、何を表現するか」「いま、どういう自分でいるか」……常に一瞬一瞬、自分を創造して生きるのが人生なのです。死期をさとることよりも、いまこの一瞬を生きることに思考をフォーカスしてみましょう。どの道「好むと好まざるとにかかわらずいつか肉体の死はやって来る」くらいの気持ちでいいんじゃないでしょうか。

不思議な話① なぜこんなことができるの？

大きな力が存在する

阿部 山川さんのような方から「いつも精霊に教えてもらっている」と聞くと、「ああ、そうなんだ」って信じられます。ただ正直言って、「精霊」という言葉が出た瞬間に、わからなくなっちゃう部分もあるんです。ぼくのなかの世界観や体験にはないものだから。もし、ぼくが似たような経験をしているとしたら、それは何なのか。あるいは、ぼくにとってはまったく未知のものなのか……。

山川 たとえば、阿部さんが大勢の人の前で話をするでしょ？　すごくいいことを言うじゃないですか。

阿部　そういう時は、話してるぼく自身がすごく気持ちいいんですよ。

山川　ね？　みんなを笑わせるのもうまいし、会場も盛り上がってね。それを、ぼくは阿部さんがしているのではないんじゃないか、何か大きな力に使われてやってるようにに思うんです。

阿部　その大きな力が精霊ですか？

山川　はい、阿部さんは宇宙とつながって、チャネリングをしてる。具体的に精霊の名前を知らないだけですよ。

阿部　感覚的にはわかりますね。ときどき、内側が震えてぞくっとするくらい、自分でもいいことを言ってるなと感動するときがあります（笑）

山川　神の道具になってるんですね。それは、みんながやっていることだと思います。本を書く人も、絵を描く人も、音楽をつくる人も、コンサルティングをやっている人も、誰もが自分の頭で考えた以上のことをやってると実感するときがあるはずです。

阿部　そうそう、ブログを書いていても、言葉がひとりでにバンバン出てきますね。

山川　後で読み返すと、「え、ぼくが書いたの、これ？」みたいなね。ぼくも講演会などでしゃべるときは、何も準備をしません。勝手にバラバラと言葉が降りてくるから、それをそのまましゃべってるだけ。だから、「同時通訳をするので、事前に原稿をください」なんて頼まれると、困っちゃうんです。

阿部　そういうことなんですね。ぼくにも精霊がついてるんだ。自分の経験のどの部分を意味するのかがわかると、とってもうれしいですね。でも山川さんは、精霊と会話ができるんでしょう?

山川　というより、自動書記ですね。精霊に質問すると、手が動いて文字になっていく感じです。

阿部　なるほど。よくわかりました。

すべては計画されていた

阿部　でも、残念ながら、ぼくには山川さんのような「精霊と交信した」というリアルな経験はありません。山川さんが精霊と初めて出会ったのは、『アウト・オン・ア・リム』の翻訳をしたころだったと聞いていますが。

山川 そうです。リア・バイヤーズという女性を通して、セント・ジャーメイン、日本語ではサンジェルマン伯爵と呼ばれる精霊からメッセージを受け取りました。サンジェルマン伯爵は実在したような、していないような不思議な人物。フランス革命の前にパリに現われたと言われています。インターネットで調べると、肖像画が載っています。

阿部 ああ、聞いたことがあります。不老不死で、いろんな時代に目撃証言のある人物ですよね。

山川 そうそう。リアは「最近になって、精霊から直接メッセージを受け取るようになった」と言っていて、その精霊が「トシという日本人に自分のメッセージを伝えて欲しい」と頼んだのだそうです。彼女を紹介してくれたのは、セルフ・アウェアネスという自己への気づきを促すセミナーで出会ったサムという背の高いアメリカ人の青年です。当時、ワシントンD.C.ではこの種のセミナーが大流行していて、日本でも一度受けたことがあったんですが、本場でもう一度受講してみようと思ったのです。で、コースを修了した後も、なにか見えないものに背中を押されるようにアシスタントとして、やがてコースのリーダーとして関わることになった。サムはそのときの部下的な存在でした。

阿部　その精霊から、どんなメッセージが伝えられたんですか？

山川　驚いたことに、サムもリアもぼくが『アウト・オン・ア・リム』を翻訳したことなど知らなかったのに、精霊は全部知っていたんです。それで、こう言いました。「こちら側では、多くの精霊や天使たちが一生懸命活動し、人々に覚醒を促しています。シャーリー・マクレーンは私たちによって『アウト・オン・ア・リム』を書かされ、あなたがた夫婦もそれを日本語にするために、私たちに使われたのです」と。しかも、ぼくがアメリカに転勤になったのも、セルフ・アウェアネスのセミナーを受けたのも、すべて精霊たちの計画だと聞かされました。

阿部　すぐに信じられましたか？

山川　最初は半信半疑でしたよ。でも、初めてなのに驚くほどスムーズに翻訳ができたし、出版社を紹介してくれる友人が現われ、すぐに刊行が決まったし、何者かの力が働きかけていた、というような実感はありました。

阿部　以来ずっと、サンジェルマン伯爵という名の精霊に導かれてきた、という感じですか?

山川　当初はリアを通してでしたが、やがてぼくらも精霊と直接、交信できるようになって、3年ほどしてアシジの聖フランチェスコという指導霊に替わり、次にイエスがやって来ました。

阿部　え、あのイエス?　山川さん、キリスト教徒ですか?

山川　いいえ、キリスト教を信仰しているわけではありません。でも、〝ひとり宗教〟っていうのかな、大いなる宇宙の神を信じているだけです。

阿部　それはわかります。ぼくも同じ。〝ひとり宗教〟って、いい言葉ですね。

死ぬと木の養分になるの？

阿部　ぼく自身はふだん、ふつうの人間です。自我に振り回されちゃってる。でも、大勢の人の前でお話しするとか、ブログを書くとか、あるいは瞑想しているときとか、何かの拍子に宇宙との一体感が得られる。その場合、自分の根本である宇宙そのものが中空の竹になった自分のなかを流れる感じなんです。

山川　宇宙とひとつになってね。

阿部　精霊はそれとはちょっと違いますよね。そもそも、精霊はどんな人にでもついているんですか？

山川　ついていると思いますね。ぼくのように交信はしないかもしれないけど、何かに夢中になっているときは、必ず精霊が後押ししてくれているはずです。守護霊は誰にもついている。

阿部　では、精霊に個性はあるんですか？　たとえば、山川さんの精霊とぼくの精霊との間に、個性の違いはあるんですか？

山川　あると思いますよ。

阿部　雲黒斎くん（ブログ『あの世に聞いた、この世のしくみ』主宰）が言ってたことと同じかなぁ。彼は一本の木にたとえて、「太い幹はワンネスで、葉っぱは個人としての黒斎くん、細い枝は真我の自分たる雲さん」っていうふうに言ってるんです。で、何本もの細い枝を伸ばす太い枝があって、黒斎くんはそれをメルキゼデクじゃないかって見てるんです。旧約聖書の『創世記』に「いと高き神の祭司」として登場する、あのメルキゼデクです。そして、すべての枝葉の大元は太い幹と一体なんだ、つまり「すべての存在は宇宙とひとつなんだ」と言っているわけです。山川さんの言う精霊は、黒斎くんにとってのメルキゼデクなのでしょうか。

山川　うーん、ちょっと違うところがあるような気がします。ワンネスっていうのは同感だけど、たとえば前のところで触れたように、輪廻転生の考え方が黒斎さんとは違います。葉っぱが枯れて落ちる、つまり死ぬと、木の養分になるのであって、個々の葉っぱが生まれ変わるわけではない、としていますよね。そこがロマンチックじゃないなって。ぼくは同じ葉っぱが芽吹いて、生まれ変わると思うから。

阿部 ぼくもロマンチックじゃない派です。

山川 そう、自分と違うことを言う人を否定しているわけではなく、ぼくはそう考える、ということです。

ふたりは過去世でも出会っていた

阿部 輪廻転生の話が出たところで、山川さんは自分の過去世も精霊に教えてもらったんですね。中国とロシアでは、どちらも革命家だったと。

山川 はい、でも調べてみたけれども、どの時代のどの革命のときかはよくわかりませんでした。たしかなのは、中国の革命のときは殺されていて、ロシアでも失敗していること。暴力革命では世の中が良くならないことを、自分なりに学んだのだと思うのです。だから今生では、人の意識でしか世の中は変わらないと思って、多くの人たちにスピリチュアルなことをどんどん知ってもらって、世の中を良くしていくという使命を担ったのではないかと思います。

阿部　山川さんの魂は本質的に革命家なのでしょうね。

山川　そうかもしれません。ところで、ぼくは過去世では、阿部さんとインドでいっしょでした。

阿部　えっ、ぼくは知らない……。

山川　いや、知らなくていいんです。前世でぼくを殺した人と今生で会ったことがあるのですが、わかるとかえってマインドがおかしくなっちゃいますから。ただ、縁のある人とはまた同じ世を生きる可能性が高いということは言えるでしょう。

阿部　それはぼくも感じます。出会うすべての人と、出会うべくして出会ってる。

山川　その通り。「袖振り合うも他生の縁」、縁がない人とは出会わないでしょう。

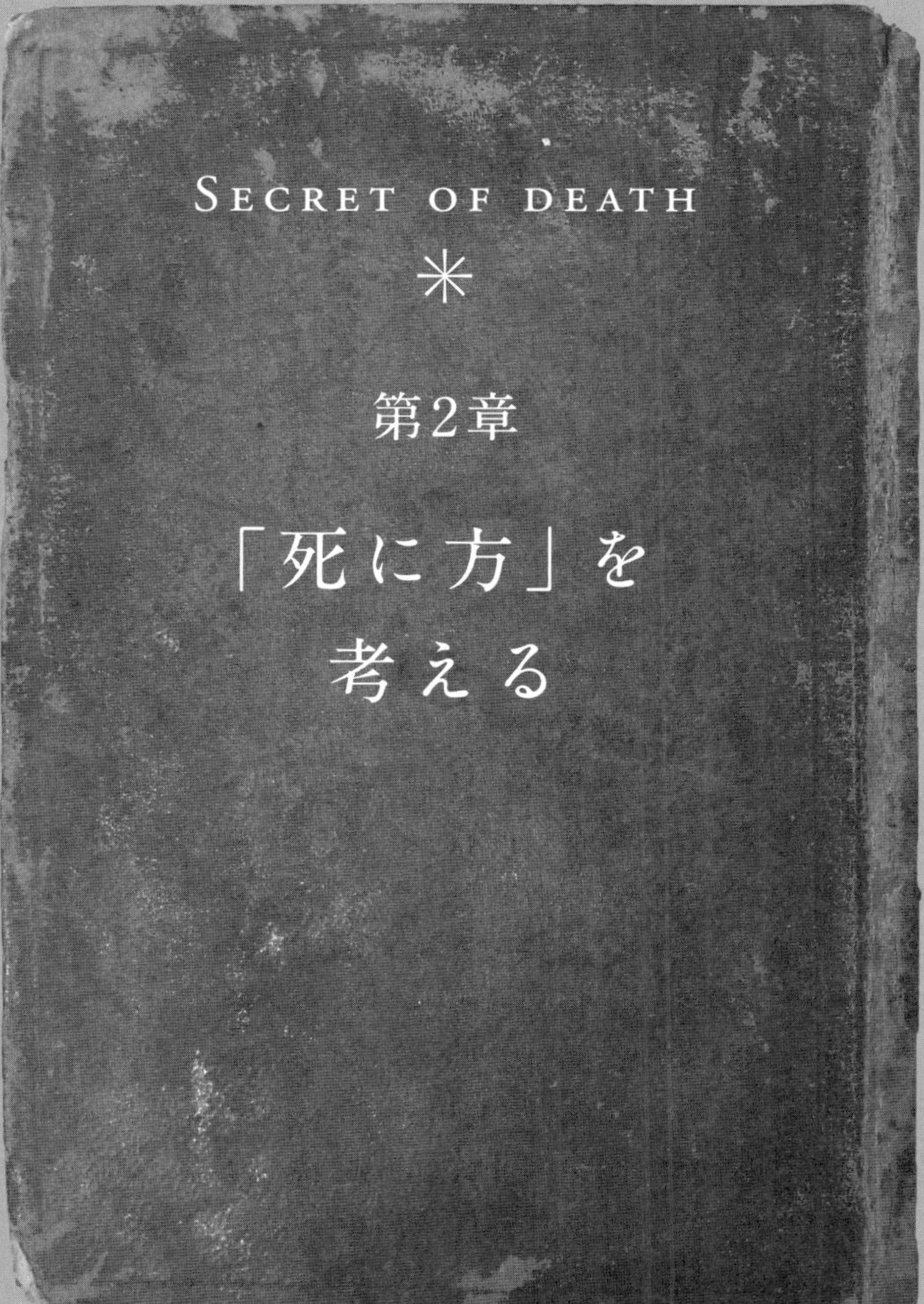

SECRET OF DEATH

＊

第2章

「死に方」を考える

自殺したくなるほど
つらく苦しいことがあったとき

「もう死んでしまいたい」と思ったことはある?
ぼくたちの答えは「イエス」。
でもね、それは同時に「目覚める」、
あるいは「魂が浄化される」チャンスでもあったのです。
とことん苦しんでごらん。
実はそれがどんなに幸せなことかがわかるはずです。

＊病気に苦しむことがぼくの仕事 ―― 山川

ワシントンD.C.での3年間の生活の終わりごろから、ぼくはいままでに経験したこともないような呼吸困難に陥るようになりました。

子どものころからアレルギー体質だったものの、それまでは大病をしたこともなく、最初は自分に何が起こったのかわからないくらいでした。でも、黒い小さな丸薬を飲むと、呼吸がすぐに楽になるのです。

だから、夢のような特効薬を手に入れた気分になりました。それがステロイドという、大変な副作用のあるとても危険な薬だと知ったのは、しばらく経ってからのことでした。

案の定と言うべきか、日本に帰国してからもときどき発作を起こし、あるとき、救急車で虎ノ門病院に運ばれるほどのひどい発作を起こしたのです。

病名は気管支喘息。そのまま緊急入院となってしまいました。

退院後も病状は悪くなる一方でした。そうして、まだ40代半ばの働き盛りだというのに、しまいには大蔵省を辞めざるを得ないことになったのでした。

そこから始まった闘病生活がまた、終わりの見えない非常につらいものでした。「仕事を辞めれば、きっと良くなる」と期待していたのですが、甘かった……。なにしろ一度発作が始まると、病院にも行かないで、36時間くらい苦しむというパターンでしたから、さすがに「死んで楽になりたい」という思いが胸をよぎったこともあります。

けれども、ぼくはこう考えたのです。

「病気に苦しむことが、いまのぼくの仕事なのだろう。神様が与えてくれた、ある種の修業に違いない」と。

そうやって病気を受け入れると、精神的にとても楽になります。だから、だいたいにおいて、ぼくは「明るい病人」だったように思います。

ガリガリに痩せ細り、よほどのことがない限り、ベッドから離れることもできない生活が3年ほど続いたでしょうか。その間、ぼくの家内が毎日、精霊からのメッセージを自動書記で受け取り、毎日、見えない世界との交信をするようになりました。

「絶対に死なせはしないから、病院に行ってはいけない。薬も飲んではいけない。

たくさん水を飲みなさい。肉や魚などの動物性のものは食べないようにしなさい」

精霊にそう言われて、「えーっ、医者にかかったほうがいいんじゃないの？」と思いましたが、ぼく達はその〝言いつけ〟を守りました。このころにはもう、夫婦とも精霊の存在、精霊の言うことを固く信じるようになっていたのです。精霊の言葉には愛があったような気がします。

発作が起きても、ひたすら苦痛に耐えて、ただその嵐の静まるのを待つだけ。妻も協力してくれました。ぼく以上に苦しかったでしょう。

まさに先の見えない「生き地獄」のような日々が3年も続いたころ、ぼくも妻も何となく「そろそろ病院に行ってもいいかな」という気持ちになりました。それで専門医を受診し、だんだんに快方に向かっていきました。

とはいっても、病状は一進一退で、完治するまでにはさらに4年余りかかりました。つごう7年間、ぼくは病気とともに生きていたわけです。

いま、当時を振り返ると、はっきりわかります、「病気は心身の浄化だったのだ」と。

ぼくはおそらく、心のどこかで「自分はエリート、選ばれた人間だ」とうぬぼれていたのでしょう。実際、大蔵省を辞めたときは、世間的な出世に未練もありました。それまで、マレーシア大使館、ハワイやシカゴへの大学院留学、ワシントンD.C.の世界銀行勤務などを経験し、「将来は国際機関の日本代表になって活躍したい」という夢を抱いてもいました。

そんなぼくのエゴを根治するためには、7年間もの苦しみが必要だったのかもしれません。「もう死んでしまいたい」と思うほどの病苦を得て、ぼくは生まれ変わりました。当たり前のように身にまとっていた傲慢さや俗世間的な執着心を脱ぎ捨て、「人はみんな大いなる宇宙とひとつになっている存在で、誰もが平等なんだ」と心から思えるようになりました。

病気だけではなく、ぼくたちに与えられる苦しみは何だってそう。この世の現象に囚われてしまいがちな意識を変えるために、とても大切な役割を果たしてくれます。自殺することがすでに決まっている「人生のシナリオ」だとしたら、抗いようもありませんが、それは事が起きてわかること。いまのいまはどんなに苦しくても、自殺してしまおうだなんてもったいない。「魂が浄化されるチャンスだ」と捉えたほうが良いように思います。

＊自殺は「不可能への挑戦」――阿部

「こんにちは、〝死んでしまいたい症候群〟ＯＢのアベッチです」

こんな自己紹介があながち冗談とも言えないくらい、ぼくも若いころにはやっぱり深く大きな悩みを抱えていました。自我に埋没していたからです。

知っている人は知っていると思いますが、ぼくは昔、ミュージシャンでした。いっときは運に恵まれて、華やかな世界を享受させてもらいました。でも、絶好調というのはそう長く続くものではありません。しだいに仕事が減ってきて、心のなかに焦りが生じてきました。

「何としても成功したい！」

その夢は遠ざかるばかりで、思うようにいかず、とても苦しみました。

このときのぼくが思い描いていた「成功」とは、名前が上がること、曲がヒットすること、たくさんのファンを得ること、仕事のオファーが引きも切らず舞い込むこと、贅沢を欲しいままにできるだけのお金を儲けること……職種は違っても、誰もが一度は通る道かもしれません。

ぼくの場合は、行くところまでいっちゃった、という感じ。あまりにも我が強くて、抱え切れないほどの欲望があって、夢と現実とのギャップは大きくなる一方、「なぜ、うまくいかないんだ？　ぼくには才能のかけらもないのか？」などと、ストレスやら、フラストレーションやら、自分を否定する気持ちやらで、心がパンパンになってしまいました。

悶々とするなかで、「死ねたら、どんなに楽だろう」と思うこともありました。もっとも、ぼくは肉体的な苦しみや痛みは「超」がつくほど嫌いなので、「自殺したいと思ったことはある」と言っても、消極的な自殺願望でしたね。

そういう経験をしているから、あまりにもつらくて〝死んでしまいたい症候群〟になってしまう人たちの気持ちはわかります。

たとえば、みんながうらやむような大企業を辞めて念願の独立を果たしたのに、うまくいかなくなって「どうして辞めちゃったんだろう」と後悔しながら自殺してしまった人がいます。会社員時代とは環境が激変するし、周囲の人の態度も目に見えて冷たくなるし、看板がなくなるのは本当につらいことだったと思います。

でもね、死ぬことはない。とことん苦しむことに、意味があるんです。

だいたい「人は死なない」のだから、自殺は「不可能への挑戦」になります。そんな挑戦に意味はありません。

そもそも苦しみは「目覚める」ためのチャンスなんです。

ぼく自身、自我の強さが限界を超えたのでしょう、何の前触れもなく突如ボロッと自我が落ちちゃったんです。その瞬間、それまで同化していたはずの阿部敏郎なるものが消え、ワーッと無限に広がる宇宙とひとつになった感覚を覚えました。そして、「明日の成功とか、人生のゴールといった幻想に縛られて生きるのはやめよう。いまここに無条件にある安らぎと幸せを大切に生きていこう」

と思い、その気分のまま所属事務所に行って、今日限りの引退を申し出ました。

このときの感覚がリアルに残っているから、ぼくはいまなお自我に苦しむことが完全になくなったわけではないけれど、死にたいという思いは消えました。すべては外側で起きている現象だと理解したうえで、お芝居を楽しんでいる感覚です。

もしあの頃、欲しいものがすべて手に入って、順風満帆な日々が続いていたら、ぼくは目覚めることができなかったと思います。だから、いつも言うのです。

「死にたいと思うほど絶望したなら、それは目覚めのチャンスだよ」と。

昔の武士は「我に七難八苦を与え給え」と言いました。

七難八苦に遭遇しても、深く落ち着いた気持ちで、より知的に物事を見られるようになる、つまり胆力をつけるための鍛練を求めたのです。

今生で起こるあらゆる現象は、自分が成長するための宇宙からのプレゼントであり、覚醒を促す触媒にもなりうるものです。

どお？　自殺することがつまらなく思えてきたでしょ。

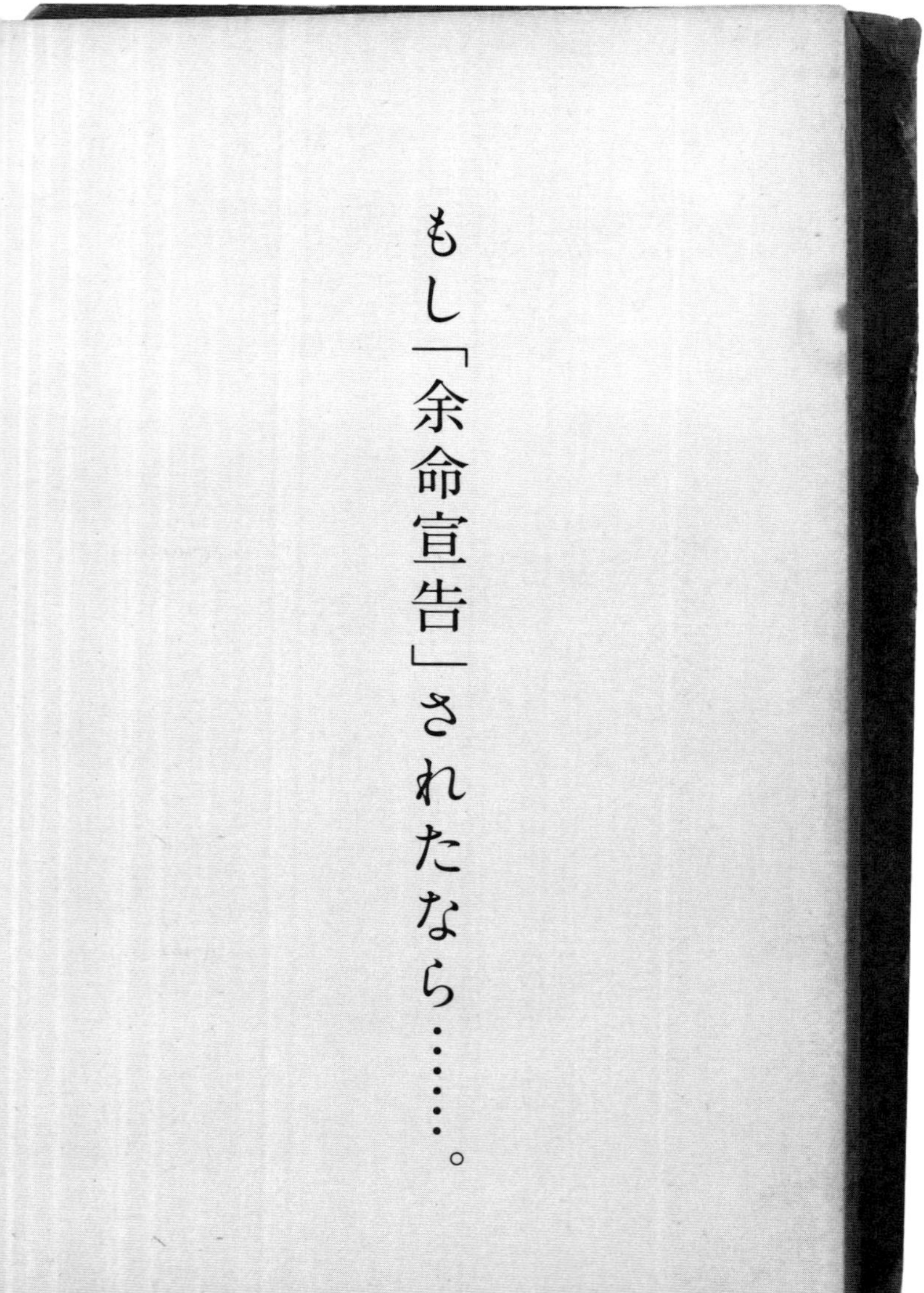
もし「余命宣告」されたなら……。

イヤですね、できれば余命宣告なんて受けたくない。
医師が個人の人生のシナリオを書いたわけじゃなし、
あとどのくらい生きるのかは宇宙のみぞ知る、です。
だから、余命宣告など「なかったことにする」のが一番。
いま生きている自分にフォーカスしようよ。

＊安楽死はありか ―――――― 山川

少し前、末期の脳腫瘍になり、「余命半年」と宣告されたアメリカ人女性が、自分から安楽死を選び、死んでいきました。自宅のあるカリフォルニア州から、安楽死が法的に認められているオレゴン州へ引っ越して決行したそうです。

彼女は結婚したばかりで、まだ29歳と若く、またウェブ上で安楽死を選択することを公にしたこともあって、世界中で話題を呼びました。「自殺か殺人か尊厳死か」をめぐり、賛否両論の議論を巻き起こしたのです。

ぼく自身は「安楽死は是か」と問われれば、「条件付きで是」と答えます。その条件は年齢です。90歳にも達していれば、宣告された余命をもっと長く生きたいと願うこともなくなるのではないでしょうか。闘病に苦しむ日々を一日でも長く生きていたい、とはとても思えませんから。

これから超高齢社会になる日本でも、そう遠くない将来、安楽死が認められるようになるのではないか、と思っています。

ただ、くだんの彼女のように若い人は、余命宣告をまともに受け止めて、急いで安楽死を選択するのはもったいないような気がします。

もしかしたら、彼女の書いてきたシナリオが安楽死を選ぶというシナリオだったのかもしれません。でも、余命宣告を受けた時点で、シナリオがどうなっているかは知りようがありません。ここは「余命宣告を受けた」という現象だけを「ああ、そういうふうになっていたんだな」とシナリオ通りに受け入れて、「死が自然に訪れるまで、いまやりたいことをやって生きていこう」と考えたほうがいい。

闘病の苦痛だって、宇宙からの「魂を磨きなさい」というメッセージかもしれないし、奇跡的に回復することもないとは断言できません。

輪廻転生があるといっても、今生の人生は一度きり。余命宣告などに惑わされず、自然に命尽きるまで生きる。それでいいと思います。

＊死ぬのは楽しみ

阿部

余命宣告、心のどこかで受けてみたいと思っている自分がいます。それが避けようのない事実だとわかったとき、どうするかはとても興味があります。普段わかったようなことを言っていますが、それらの言葉が自分のどこから出ていたのかが暴露されることでしょう。

もしかしたら平然と受け入れるのかもしれません。もしかしたら狼狽えて取り乱すのかもしれません。その瞬間は動揺するでしょうね。だって初めてのことだから。

その後は……う〜ん、わかりませんが、たぶん気を取り戻して覚悟を決めることでしょう。

人生でもそうですが覚悟を決めると苦悩が消えていきます。たいていの場合、苦悩とは、そうありたい状態と、そうならない現実の間に生じるものだからです。でも現実がそうでしかないなら、それを認めるしかないですものね。

おや？　そんなふうに考えたら、少しワクワクしてきました。この本のテーマである死を実際に体験できるのだから。遊園地のアトラクションなんか比較にならないくらいの最高にスリリングな体験への参加です。

しかも無料。

そう言えば、ソクラテスが死刑宣告を受けた時の話を思い出しました。

彼は待ちきれずに、早く毒を飲みたいと弟子にせがんだそうです。

もし死後も自己という存在が継続するなら、先に逝ってしまった偉大な魂たちと再会できるかもしれないし、反対にもし自己が消滅するなら、それは深い永遠の眠りに入るのと同じことで、アテネの王様だって一日として熟睡できない夜を過ごしているのだから、深い眠り以上に幸運なことはないじゃないか。

いずれにせよ素晴らしいので、どうせ死ぬなら早く死なせてくれと言ったそうです。

遅かれ早かれ、みんな一度はその体験ができるのだから、楽しみといえば楽しみですね。

「尊厳死」は
どう考えたらいいんだろう？

延命治療と称して、
たくさんのチューブにつながれたまま、
人工的に命を永らえさせるなんて、ごめんです。
そういう意味でなら、「尊厳死」はアリだと思いますね。

＊幸せな死とは何か――――――山川

「尊厳死」という言葉が使われるようになったことと、近代医学の延命技術とは密接な関係があります。

いまは、自分で呼吸ができなくても、人工呼吸器をつけて体内に酸素を送り込むことができます。自分で食事ができなくても、胃に穴をあける胃ろうを装着して、栄養をとることも可能です。

こういった延命措置をひとたび始めたら、機械をはずすことがとても難しくなります。生命維持装置をはずした瞬間に死ぬとわかっているからです。医師はそれをやりたがらないし、家族も自分たちの手で殺すようで、「はずしてください」とお願いするのは忍びないのです。

回復の見込みがなく、意識もなく、ただ機械につながれている状態でも、人を生かし続けることのできるのが、現代医学でもあるのです。

「そんな延命措置は死に臨む人の人間性、一個の人格としての尊厳を踏みにじる行為ではないか」というのが、尊厳死の考え方です。

近年は、元気なうちに尊厳死の宣言、つまり「延命措置を施さず、自然にそのときを迎えたい」という意思表明をしておく人も増えているようです。もっとも、本人が強く望んでいるにもかかわらず、家族が「一分一秒でも長く生きて欲しい」と思う気持ちから、現実には延命措置が施されてしまう例も少なくないようですが。

ぼくは延命治療などごめんです。たくさんのチューブにつながれ、機械でムリヤリ生かされている状態が幸せだとは思えないからです。

不治の病にかかり、いよいよ末期となったら、ぼくは緩和ケアを受けるなどして苦痛を取り除いてもらい、安らかに死んでいきたい。朽ちてゆく肉体にしがみつかず、大いなる宇宙にかえりたい。それが幸せな死だと考えています。

もちろん、「いや、自分はできるだけ長生きしたいから、たとえ意識がなくなっても、あらゆる手を尽くして欲しい。生き返るかもしれない奇跡に賭ける」と考える人もおられるでしょう。それはそれでいい。ぼくの考えを押し付けようとは思いません。

＊死の誤解を超えれば――阿部

苦痛から逃れるための安楽死はアリだし、機械に生かされているだけの状態にならないための尊厳死もアリだと思っています。

くどいようだけど、ぼくは痛いの、苦しいのがイヤだから、通常の三倍くらいの麻薬を打ってもらって、気持ちいい状態で死にたいんです。

社会では禁止されている薬物を、この時ばかりはふんだんに使わせてくれるなら、人生最後のご褒美としてぜひそうしてもらいたいものです。

誰も、「やめたほうがいいよ、身体に悪いから」なんて言わないだろうしね。

延命治療というものは、人間をただの物質だと考えるところからきていると思います。西洋医学は唯物論ですからね。心のケアさえ最近始まったことであり、魂の有無などは問題外のそのまた外というわけです。

ここで山川さんや僕が述べているようなことを少しでも理解したとしたら、終末期医療の在り方が大きく変わっていくことでしょう。

死は忌まわしいものだという誤解が、いまの文化の底辺に流れている気がします。そのような観点から言えば、死への理解というものは、個人の生き方が変わるだけでなく、文明そのものを根底から変えてしまう大きな力があると思います。

「孤独死」はかわいそうなこと？

人はひとりで生まれて、ひとりで死んでゆく。
だから、孤独死という概念自体がちょっと変。
でも、社会のなかで孤立して死ぬのはイヤ?
たしかに、孤独死というより孤立死はつらいかも。
だったら、そうならないように手立てを考えようよ。

＊ひとりぼっちで死ぬこと――山川

人は何事もうまくいかなかったり、理解者・協力者が得られなくて孤立無援に陥ったり、友人・知人に裏切られたりして不安になると、「ひとりぼっちの自分」を強く意識するようになります。

「誰も自分のことをわかってくれない」
「誰も自分に好意を持ってくれない」
「誰も自分のことを振りむいてくれない」
「誰も自分を助けてくれない」

そんな孤独感に襲われるのです。
これは、誰しも経験のあることでしょう。そのつらさを経験しているからなおさら、「ひとりぼっちで死にたくない。家族や親しい友人たちに囲まれて死んでいくのが幸せだ」という気持ちが強くなるのかもしれません。

ぼく自身、母が最後まで元気に姉と暮らし、家族もたくさんいて息を引き取ることができたのは幸せだな、うらやましいな、と思う気持ちがありますから、孤立死をイヤだなと思う人の気持ちはよくわかります。

けれども、死を迎える瞬間にひとりであろうと、周囲に多くの人が集まっていようと、どちらでもいいことです。幸不幸とは関係ありません。

なぜなら、ぼくたちはどんなときでもひとりぼっちではないからです。前に、ワンネスの話をしましたね？　人は誰もが、本当のところ、宇宙の大きな愛に包まれています。誰もがひとつの宇宙に属し、見えないところで手をつないでいるのです。

それに、生まれてきたときだって、ひとりでした。お母さんはもちろん、周りにいろんな人がいたかもしれないけれど、だから幸せだと感じた覚えはありますか？　同じことです。周りに何人の人がいようと、死ぬときもひとりです。

それでも、もし「孤立死はイヤだ」といまの自分が感じているなら、そうならないように行動すればいいだけの話です。

たとえば、家族がみんな死んで、あるいは離散して、そばにいなくなっちゃったとします。そうなって「孤立死はイヤだ」といくら悩んだところで、不安は解消しません。本当はワンネスに気づくのが心を落ち着けるベストな方法ですが、ほかにもできることはあります。

いくつであろうと、その気になればパートナーを探すことはできるし、老人ホームやシェアハウスに住むとか、町内会で助け合う仕組みをつくるなど、家族に代わる誰かがいつも見守ってくれる状況に身をおく、という方法もあるでしょう。

どう行動するかは、人それぞれ。いざ死ぬときになって、「ああ、こういうシナリオだったんだな」とわかるはずです。孤独死を心配して生きるよりも、自分のこの先のシナリオがどうなってゆくかを楽しみながら、今を味わうほうが、気持ち的にも良いのではないでしょうか。孤独死をしないように、十分に仲間を作っておくことが大切です。人生は究極のところ自分の責任だ、といったら厳しすぎますか？

＊孤独死はかわいそう？――阿部

最近、「孤独死」とか「孤立死」といったことが、よく話題になりますね。その根底には、世間の人々の「ひとりぼっちで死んじゃって、かわいそう」という思い込みがあるような気がします。

まず、本当にかわいそうなのか。そこから考えてみましょう。

たとえば、悟った人が山奥で、自給自足をしながら、ひとりで暮していて、人知れず死んでいったとします。それは、孤独死ですか？　孤立死ですか？

どちらも「ＮＯ」です。悟った人は、意識が宇宙全体と一体化しているので、孤独も孤立も感じません。周りの人たちから見れば、孤独な人、孤立した人であるだけで、その人自身はかわいそうな人でも何でもありません。

では、何らかの事情があって、社会のなかで共同生活を営めなくなった人はどうでしょうか。

このあいだもテレビでやっていましたが、近ごろはごくふつうのサラリーマンだった人が、リストラされるなどして職を失い、家のローンが払えなくなり、家計が破綻し、再就職の道もままならず、最終的に家族が離散してホームレスになってしまう。そんなケースが増えているそうです。なかには、そのままひとり寂しく死んでいくケースもあるようです。

世捨て人でもないし、とりたてて能力が低いとか、仕事を怠けていたわけでもない。ふつうに能力も判断力もあって、ふつうに働いていた人でもそうなってしまうことに、ぼくは驚きました。と同時に、自分の意思や能力の預かり知らないところで、何が起きても不思議はないんだ、という思いも新たにしました。

そこまで悲惨な状況に陥らなくても、これからは少子高齢化が進むことは確実なんだから、長生きすればするほど、ひとりで生きていかざるをえない人は増えます。そうなれば、たしかに孤独でしょう。社会から切り離された孤立感もあるでしょう。

でもね、それはあくまでも「家族や友人たちに見守られて死んでいきたい」という妄想に基づく感情でしかありません。漫画のサザエさんに描かれている磯野家のような、現実にはありもしない家族と比較して、自分は不幸だと思い込むようなものです。だから、「人生の最後をひとりで迎えるなんて不幸だ」とか「自分がひとりでひっそりと死んで、何日も誰にも気づかれないなんてイヤだ」などと思っちゃうのも刷り込まれた概念でしかありません。

人はひとりで生まれてきて、ひとりで死んでいきます。その間にどんな親しい関係に囲まれていたとしても、実際には人はいつだってひとりです。

でも真実にはその先があります。山川さんも言うように、人はみな大いなる宇宙の構成員であり繋がっているからです。その大いなるところの自己は生まれることも死ぬこともなく、永遠のいまの中に存在しています。

一休禅師の道歌を思い出しました。

一人来て　一人帰るも迷いなり
来たらず去らぬ道を教えん

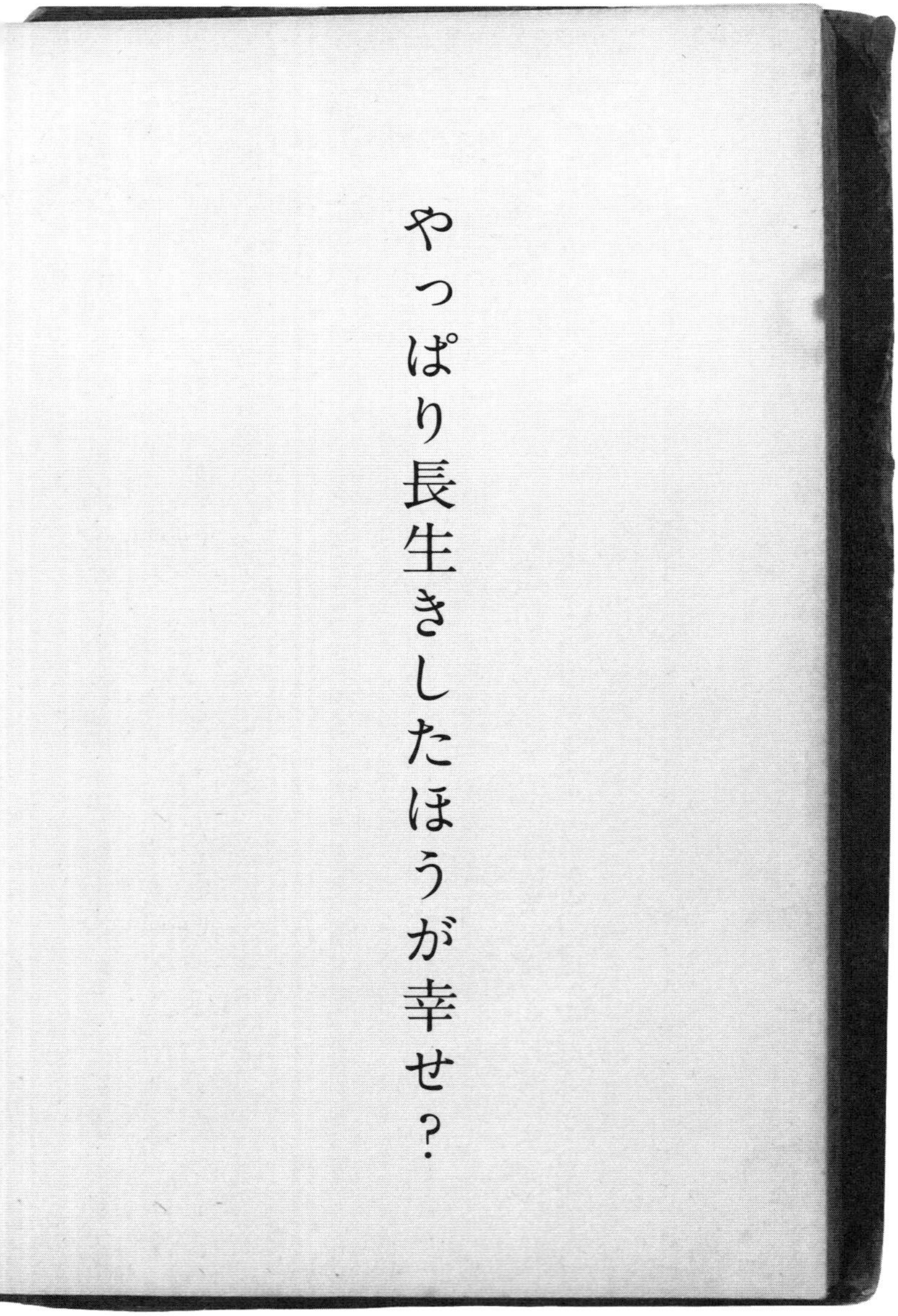
やっぱり長生きしたほうが幸せ？

長生きだから幸せ、
若くして死んだから不幸、なんてこともありません。
何歳で死のうと、
誰もが今生に生まれた役割を果たして死にます。
それは一種の卒業です。
だから、死は祝福なのです。

＊長生きすることの不幸――山川

長寿の人もいれば、短命の人もいます。世の風習としては、長寿はめでたいとされます。還暦、古稀、喜寿、傘寿、米寿、白寿……節目の年齢にはそんな名称がつけられ、家族みんなでお祝いするくらいです。ぼくらも自然と、「長寿＝幸せな人生」というふうに受け止めています。

もっとも最近は、超高齢社会の悲劇と言うべきか、「長生きすることの不幸もある」といった声も聞かれます。

しかし、それは間違い。素直に長寿を喜びましょう。なるべく若いうちに人生について よく勉強し、つまり、スピリチュアルに成長して、感謝、ありがとう、で生きる人生を確立することです。人はだれでも幸せを見つけることができるからです。長生きするかどうかは自分で決めてこの世に生まれてきている、というのが、僕なりの悟りの結論です。実は死ぬときは死ぬ、それが寿命というものです。神から与えられた命の長さです。その命の中で、何のためにここに生まれてきたのかを知って欲しいのです。僕たちは自分が魂の存在であることを発見するためにここにいるのです。スピリチュアルな成長ができれば、人はいつも、宇宙の愛に満たされており、実はいつ死んでもいいのだ、人生長かろうと、短かろうと、それはそれで、どちらもよいのだと、わかるでしょう。

それが僕なりの達観した思いです。

平均寿命が延びて長生きする人が増える一方で、生まれてすぐに死んでしまう赤ちゃんや、年端もいかないうちに人生の幕を閉じる子ども、働き盛りでこれからというときに命を落とす若者など、短命の人もいます。

長寿を遂げられなかった彼らは、不幸だったのでしょうか。

そうではありません。

たまたま今生に与えられた時間が短かっただけ、尊い魂はきちんと自分の役割を果たしているのです。それだけ「人生が凝縮されていた」というふうに見ることもできます。周りの人に様々なショックを与えて、人生について深く考えさせるという贈り物を与える役割があったのかもしれません。

魂の真理で言えば、死は今生という学びの場からの卒業です。ぼくらはごくふつうに、学校を卒業したり、独身に別れを告げたり、定年退職をしたりするとき、「がんばったね。新天地でまた活躍してね」と、卒業を祝うでしょう？　死だって、今生からの卒業、祝福すべきなのです。

とはいっても、若い人の死というのは悲しいものです。遺された者は、「さぞ無念だっただろう」と、本人の身になって涙を流すでしょう。

また、子どもに先立たれた親は、「自分が代わってあげたかった」「もっとしてあげられることがあったのではないか」など、さまざまな思いが胸をよぎり、身を切られるようなつらさから、なかなか逃れられないこともあると思います。

でも、大丈夫。若い肉体を離れた魂は、大いなる宇宙にかえり、愛に包まれます。下界を見下ろし、「そんなに悲しまないで」というメッセージを送っているでしょう。すぐにはムリでも、いつかきっとその声が聞こえてきます。親しい人に人生について真剣に考える機会を与えてくれているのだと思います。

ぼくの年齢になると、同年代の友人がひとり、またひとりと亡くなってゆきます。いまの平均寿命から見れば短命と言ってもいいかもしれません。とても悲しく、寂しいけれど、ぼくは、

「仲間たちはきっと、向こう側の世界で互いに『人生双六、上がったね』と祝福し合っているだろう」

と思っています。

まさか、早い〝上がり〟を自慢するわけではなくて、ひと仕事終えた充実感・満足感をみんなで分かち合っているはずです。だから、まだ人生双六を楽しんでいるぼくも、彼らを祝福したいのです。でも僕の心の中には自分の健康を大切にすること、それは自分を本当に愛することだという気がするので、死ぬまで元気に人生を楽しみ、人のために奉仕できたらいいなと思っています。この世の中に愛と平和を広げたいです。

＊命というのは有限ではない――阿部

以前、10歳のお子さんががんになったという男性から、「死をどう考えればいいか」という相談を受けたことがあります。彼は「この先、人生を続けていくのもつらい。心のどこかに、死という選択肢があってもいいのかなと思っている」とのことでした。幼くして死んでしまうわが子を思うと、いっそ自分も死んでしまいたいという気持ちに囚われたのでしょう。ぼくはこうお答えしました。

「あなたが実存に対しての理解を深めていったら、いくつかのことが見えてきます。それは、いまあなたの子どもがどう見えようとも、その子は完璧な人生を送っているということ。その子の命の流れを信頼してあげてください。

命というのは有限ではありません。肉体の生死を繰り返しながら、常にあり続ける悠久のものなのです。

いま起きている事実をしっかりと認める。受け入れられないかもしれないけれど、認めることはできますね？　認め切るんです。

それはある意味で、運命をあきらめるということです。あきらめると言うと、現実を前に敗北するように感じるかもしれませんが、違います。事実を明らかに見る、ということです。起きている出来事を、ただ起きている出来事としてみる力が必要だと思います。

もうひとつ思ったのは、あなたから見たその子は、あなたのためにいます。この世におけるすべての現象は、あなたの目覚めをうながすために起きています。受け入れ難いことでしょうけど、あなたにいま凝縮して起きているのです」

人はとかく、「長生きすれば幸せで、若くして死ぬのは不幸」と考えがち。若くして亡くなる人がいると、その死を「人生はこれからだったのに」とか、「いつも自分とともにいた人がいなくなってしまった」といった観点で見るから、さまざまな感情が湧き出てくるのです。

でも、そうじゃあない。わずか10日の命だったとしても、その人は10日間の今生を生きたのであって、その人生にいいも悪いも幸不幸もありません。それは悠久のなかでの一コマであり、肉体が死んだ後の魂の行き着く先はあらゆる存在の源、つまり本来自分が無条件に祝福されている場所なのです。

生きているときの断面、断面に一喜一憂するのではなく、命の悠久の流れを信頼すればいいのです。これは、人が救われる大きな考え方だと思います。

＊＊＊＊＊＊＊＊＊＊＊＊＊＊＊＊＊＊＊＊＊＊＊＊＊＊

不思議な話② 自殺ってなんだろう？

それは自殺か、自然死か？

阿部 山川さんの言う尊厳死は、延命治療をしない、ということですよね。

山川 そうです。管につながれても生きていたい人は、それでもいいと思いますけど。

阿部 延命治療をしないのは、消極的な自死というふうには考えませんか？　だって、延命装置につなげてもらえば、もっと長生きできるわけですから。

山川 それは自死とはしません。

阿部 そうですか。じゃあ、たとえば人を守るために自分の命を犠牲にした場合などうですか。自死でしょう？

山川　違うと思います。

阿部　でも、人を助けるためとはいえ自分の命を絶つわけですから、自死ではないですか。

山川　違いますよ、その行為自体が尊いことだし、自分で死のう、死にたいと思ったわけではないし。本当は、自分が犠牲になって死ぬという考え方は良くないと思いますけどね。戦争のときのように、お国のために死ぬことも正当化されてしまうから。

阿部　ぼくは、何かのために自分の命を犠牲にしたら自死ではないという観念は現実社会のなかでつくられたストーリーだと思うんです。死っていうのはそんなものを超越しているんじゃないかなぁ。自殺は悪いことだという観念も含めて、あまり意味がないような気がします。

山川　そうですか？　たとえば、困難から逃げて自殺したら、もしかしたら生まれ変わった次の世でも死を選ぶかもしれませんよね。

阿部　潜在意識で前世の記憶がコントロールしてる？

山川　わかりませんけど、たとえば線路に落ちた人を助けて、自分が電車にひかれる、というような事故に遭った人には、いいカルマが……

阿部　いや、いいカルマ、悪いカルマということ自体、人間界のストーリーのような気がしてしょうがないんです。人を助けようとして自分がひかれちゃった人は、いいことをしようとかいう判断を超えて、とっさに衝き動かされる本能的な何かあったんじゃないですか。

山川　過去世で逆に助けられたのかもしれませんよ。

阿部　んー、なるほどね。そうくるか……。

山川　そういうシナリオだったんですよ。

阿部　因果がめぐるという考えが、山川さんとはちょっと違うかなぁ。死んだら、今生での行いはすべてチャラになる、っていうのがぼくの考えです。

山川　いずれにしても、阿部さんの自殺の定義はひどい！　自殺というのは、自分で死のうと決めて、首を吊ったり、薬を飲んだり、線路に飛び込んだりすることです。

究極の選択

阿部　いやいや、すみません。話は変わって、古代ギリシアの設問に、こういうのがあるんです。ボートが転覆して、二人が海に放り出されました。海面に一枚の板が浮いていいます。その板にはひとりしかつかまることができません。そのとき、あなたはどうしますか、と。答えは三択。ひとつ目は、相手に譲って、自分は死ぬ。自殺ですね。二つ目は、何としてでも自分が板にしがみつく。一種の殺人です。そして三つ目は、ふたりとも板につかまらずに死ぬ。まぁ、心中のようなものですね。

山川　似たような課題、気づきのセミナーでやったことがあります。自分はどうするか、みんなの前で言わせるんですよね。ぼくは「もういい年だから、若い人に譲ります」って答えました。そうしたら、後でこっぴどく怒られて。

阿部　ははは。生きようとする本能をいかに引き出すか、というのがひとつのテーマですからね。実はぼくは昔、そのトレーナーをやってたんです。

山川　えーっ！

阿部　山川さんみたいに、人に譲るなんて答える人がいたら、じーっとその人の目を見つめてね、「ほんとに死んでもいいんですね」って言う。そうしたら、たいていの人が「ぼくなんかよりあの人のほうが生きる価値がある」とか何とか言いだして、ポロポロ涙を流すんですよ。

山川　あー、それはいけませんね。でもぼくも、誰かが「自分にはまだ小さな子どもがいるから、どうしても死ぬわけにはいかないんです」などと言うと、やっぱり譲っちゃって。なかなか「自分が生き残る」とは言えませんでしたね。いまも同じ。答えなさいと言われれば、「譲ります」と言います。阿部さんは？

阿部　ぼくは人を殺すかも……うそうそ。いまなら、何となくですけど、ふたりで死ぬのがいいような気もします。自分だけが生き残っても後で苦しみそうだし。

山川　ほんと、究極の選択ですよね。ジャンケンの3回勝負で決めるとか？　それが平和的解決かもしれませんね。でも、僕の年になれば、若い人に僕は命を譲ります。でも、実際にその場にならなければ、ほんとうのところは、自分でも分かりません。

自殺は誰のせいでもない

山川　現実問題、人が自殺するのは誰も止められないんですよ。親や周りの人はその気配を察知すると、何とか止めようとしますけど。それで結局、遺された人が「止めることができたのではないか」と自分を責めることになってしまう。

阿部　そう、そこが一番の問題ですよね。自殺した人は宇宙にかえるわけで、根源的な意味で幸せなんだけど、遺された人が二重、三重に苦しむ。

山川　だけど、そんなふうに苦しむことさえも、神から与えられたギフトだと、ぼくは思います。

阿部　それはぼくも同感です。自ら意思を絶ったこと、それによって周囲の人が苦しむことも含めて、大きな力のなかで起きていることだから。ただ、自殺に限らず、愛する人に先立たれて、自分が死なせてしまったように感じて苦しんでいる人たちのことは、ケアしてあげたいですよね。「自殺は誰のせいでもない、宇宙の意思によって起きることが起きたんだ」という単純な真理に気づいてもらいたい。

山川　そうですね。スピリチュアルな世界に触れるチャンスでもあると。身近な人の死を考えることは、人生を、自分は何のために生まれてきたのかを知るきっかけにもなるでしょう。多くの人たちにスピリチュアルな世界に目を開いてもらうことが、ぼくの使命だと感じています。あと、自殺したい人のことも、その人のシナリオがどうなっているかはわからないけど、一歩手前で救えるものなら救ってあげたい。いまは死にたくなるほど苦しいかもしれないけど、それは今生で学ぶべきことが起きているだけだから、何も心配はいらないよと、自分が「いのちの電話」になって伝えたい。苦しみを苦しみと感じるのは思い込みに過ぎないし、一時的なもの。そう気づくだけで、ずいぶん気持ちは楽になるでしょう。自我が苦しんでいるだけだから。

阿部　そう、多くの人々にスピリチュアルな気づきが広がっていくと……

山川　自殺のない社会が来ますよ、自殺するほどの苦しみの本当の意味に気づけばね。命以外の全てを捨てればいいのだと。

SECRET OF DEATH

＊

第3章

死後の世界を想像してみる

臨死体験って、どんな感じ？

残念ながら、ぼくらは臨死体験をしたことがありません。
経験のある人の話では、
光に満ちた温かな世界に導かれて行く感じらしい。
けっこう気持ちのいい体験みたいです。
死後に帰ってゆく魂の故郷の光景を想像してごらん。
〝バーチャル臨死体験〟ができるんじゃないかな。

✳脳が最後に見せるもの――山川

臨死体験をした人は、よくこんなことを言います。

「魂なのかな、自分のなかにいる自分が肉体から脱け出て、上からベッドに横たわっている自分の体を眺めている感覚があった。いわゆる幽体離脱みたいなことが起こったんです」

「トンネルを抜けると、そこは陽光の降り注ぐ、とてもきれいなお花畑でね。幸福感に満たされていると、不意に自分の名前を呼ぶ声が聞こえてきたんです」

臨死体験は「脳が最後に見せる夢に近い現象」と言われます。死にそうになった人はこういう夢を見るのかもしれません。

ただ、ぼく自身は臨死体験をしたことがなく、それがどんなものかはわかりません。

そこで、ここでは、ぼくが覚醒したときの体験をお話しましょう。

あれは、精霊と出会ってすぐの頃のことでした。精霊はぼくにこう言いました。

「トシは愛を知らない。今夜、教えよう」

いきなり、そんなことを言われてもとまどいます。それに、ぼくは愛を知っているつもりでいましたから、「ふざけたことを言わないでくれよ」とも思いました。

ところが、朝方になって、ぼくは夢のなかで「宇宙空間に浮かんでいる美しい地球の姿」をはっきりと見させられたのです。あまりにも美しく、また厳粛な光景でした。

そしてハッとしました。

「地球が愛のなかに浮かんでいる」と直感しました。

我知らず胸に感動が湧き上がり、おいおいと泣いてしまったのでした。

それはぼくにとって、大きな覚醒でもありました。地球上にいるぼくたちはみんな、愛のなかに生きていると確信したのです。


前に、「死ぬ瞬間、誰もが目覚める」というような話をしましたね？　それと合わせて考えると、ぼくが夢で見たこの光景には、もしかしたら臨死体験に近いものがあるかもしれません。

それが臨死体験であろうとなかろうと、こんなふうに覚醒できたら、「生死を超えて、愛に満ちた宇宙に身をゆだねよう」という大きな安心感が得られます。

＊「な〜んだ、死んだらこうなるんだ」――阿部

臨死体験をした方は、トンネルをくぐったり、お花畑に行ったりしますね？　ぼくにはそういう経験はありません。でも、自分なりにすごく冷静に、「な〜んだ、死んだらこうなるんだ」と理解した体験は何度かあります。

それは臨死体験ではなく、瞑想をしていて、意識が肉体との同化を止めた瞬間にはっきりと理解しました。

臨死体験をした方との大きな違いは、彼らは死後も今生の自分、つまり肉体と同化している自分というものが継続しているところでしょうか。まぁ、臨死だからまだ死んでいないわけですが、イメージとしては生きながら死後の世界をさまよう感じ？

ぼくの体験はそうじゃなくて、肉体と同化していた自己意識そのものが消滅するの

です。だから、そこに「死後の世界を見た」という体験者はいないんです。

死は多くの拘束からぼくらを解放してくれます。そのひとつが肉体です。生きている間、ぼくらはその肉体とすっかり同化しています。その重量は相当なものです。なにしろ、空腹とか病気とか性欲とか、やっかいなものの面倒を見なければならないので、生きるのはけっこう大変な仕事なんです。

そうやって長期間、狭い肉体のなかに閉じ込めていた意識が肉体を脱ぐときの解放感と快感といったら……！　そして、理解するのです、いままで人生だと思って大事に抱えていた物語が幻影だったことを。

本当の瞑想が訪れると、これと同じことが起きます。肉体も精神も脱ぎ捨てて、永遠の魂に触れることで、生も死もどちらも幻想であることに気づくのです。こういう体験をすると、人生を覆っていた多くのリアルな執着や苦悩が、霧が晴れるように消えていきます。だから、本当の自分の人生を生きられるようになるのです。

たぶん、臨死体験よりずっといいものですよ、瞑想って！

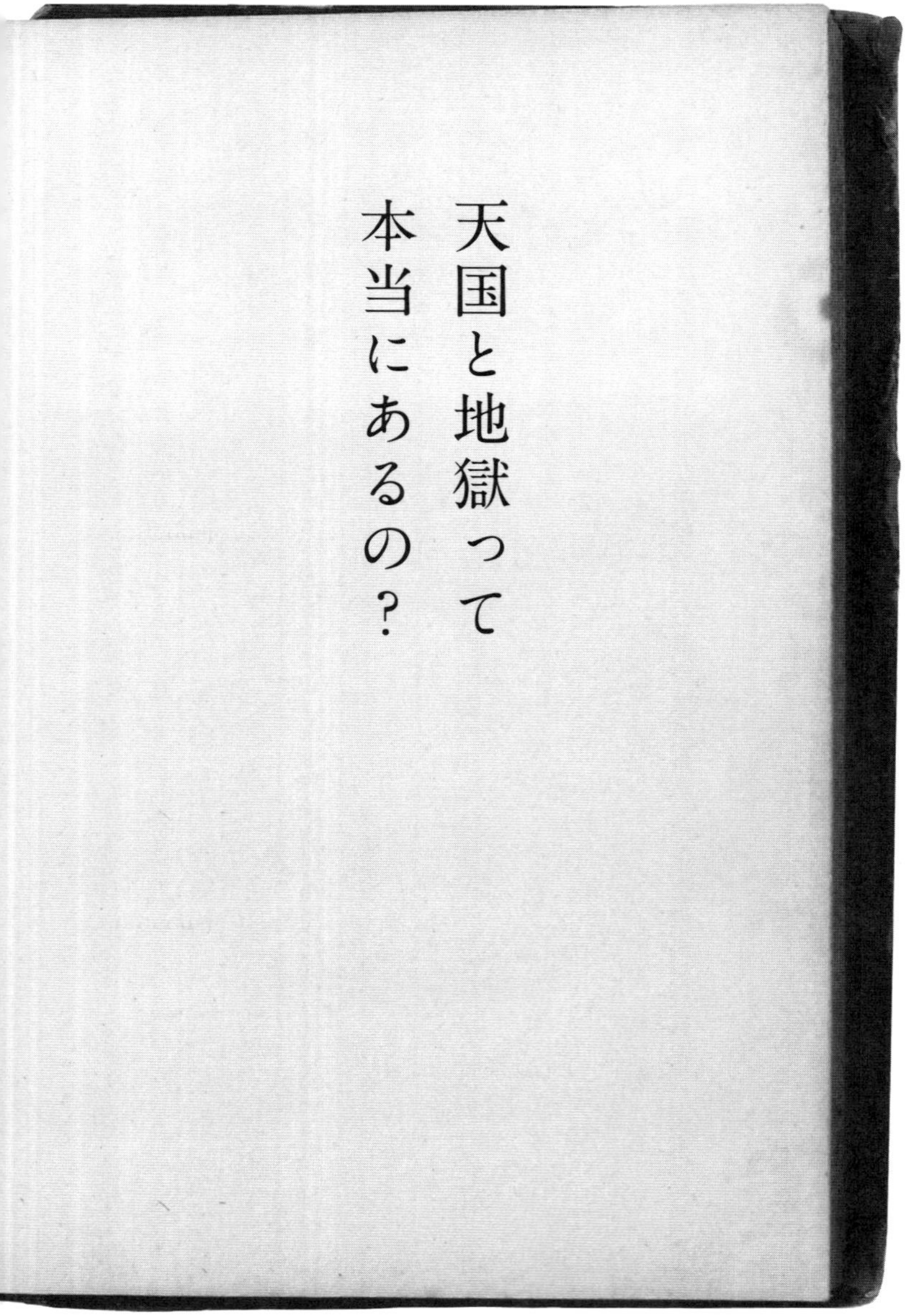
天国と地獄って
本当にあるの？

繰り返し言うけど、
死んだら大いなる宇宙にかえるんだよ。
しいて天国か地獄かで言えば、
今生の行ないに関係なく、誰もが天国に行けるはず。
「地獄に落ちるぞ！」「成仏できないぞ！」なんて、
外側の世界の脅しに過ぎません。ご安心を！

＊人生で起こることはすべて――山川

人間は何かにつけて、これは良いことだ、悪いことだ、というふうに善悪を決めつける傾向があります。その延長で、

「良いことをすれば、天国に行ける」

「悪いことをすれば、地獄に落ちる」

といった観念が出てくるのでしょう。


しかし元来、人生で起こることはすべて、良いも悪いもありません。ぼくたち人間は、人生という限られた時間と空間のなかで、肉体に宿って、それぞれの役割を演じている存在なのです。

その地球を舞台にぼくらが演じる芝居には、悲喜こもごも、いろんなストーリーがあります。自分自身の行ないも、世の中の価値観から見れば、立派なばかりではありません。

人を傷つけた、悲しませた、仕事でミスをして迷惑をかけた、仕事が立て込んでいたからつい手を抜いた、がんばらなきゃいけないときに怠けてしまった、生活が楽ではないのにお金をムダづかいした、ひどい目に遭って仕返しした、嫉妬心からいやがらせをした、ウソをついた……いわゆる〝悪いこと〟をいっぱいします。

それでいい、とは言いません。でも、何をしたにしろ、すべては魂が肉体を使って体験できるかけがえのない行為だったのです。あえて善悪で言うなら、すべてが良きことだったのです。

そうすると、「戦争をしたことは？」「殺人とか強盗とか、罪を犯すことは？」などと突っ込まれそうですが、ぼくは魂が未熟なのだと思っています。必ずや、輪廻転生を繰り返すなかで、魂は大きな学びを得ているのでしょう。

大事なのは、いまを大切にして、わくわくしながら生きること。過去は100％決められていたことだけど、未来は100％自由意思でつくりだしていけると信じて、どんどん良いことを引き寄せてください。

神、大いなる宇宙は、今生の行ないを何もかも受け入れてくれます。自分の懐にかえってきた魂を天国と地獄に振り分けることは断じてありません。

✳ぼくらを裁く神はいない――阿部

死んであの世に行くと、入り口で天秤を持った女神がいて、「はい、あなたは天国」「はい、あなたは地獄」と、行先を指示する。……なんてことを、まさか信じてはいませんよね?

あるいは「自分は悪いことをいっぱいしちゃったから、きっと救われないな」とか、「こんなに地味な自分のことなんか、神様は気にかけちゃいなかったろうな」などと考えて、「自分は地獄に落ちるに違いない」と落ち込んでやしませんよね?

そんなことは断じてありません。

人生で何が起きて、どうふるまおうと、ぼくらはもともと救われているんです。牧師さん風に表現すれば、

「常に神があなたとともにいて、あなたを護ってくれていますよ」――。

つまり、ぼくらを裁く神はいないのです。

そういう意味では、受け入れ難いかもしれないけど、どんな極悪非道人も救われています。人間的な観念や正義感から見たら、「そんなことはあるものか」って思うでしょう。でも、そういうことです。

何も「極悪人になれ」と奨励しているのではありません。大いなる宇宙の悠久の流れでは、ベストのことが起きている、それがあなたの歩んだ人生だということです。

また、「怨念の強い人は、死んだ後も地上に留まり、成仏できない」なんて説があります。天国にも地獄にも行けないどころか、宇宙にかえれないと。

こういう説を唱える人は、「自己というものは肉体と精神によってつくられていて、肉体が死んでも精神は生き残る」と考えます。この場合の精神は、マインドもしくは自我の作用を意味します。言ってるその人自身が精神と自己同化しているので、その意識段階からはこのような発想になるのでしょう。

しかし、ぼくたちは死とともに消滅する肉体でもなければ精神でもありません。死後も唯一残る本当の自分――名前をつけるなら「大いなる意識」あるいは「実存」「永遠の命」です。それはどんな肉体的苦しみや精神的苦悩にも影響されません。「浮かばれない魂」なんてないのです。

第三章

＊

死後の世界を想像してみる

死後の世界にも
コミュニティはある?

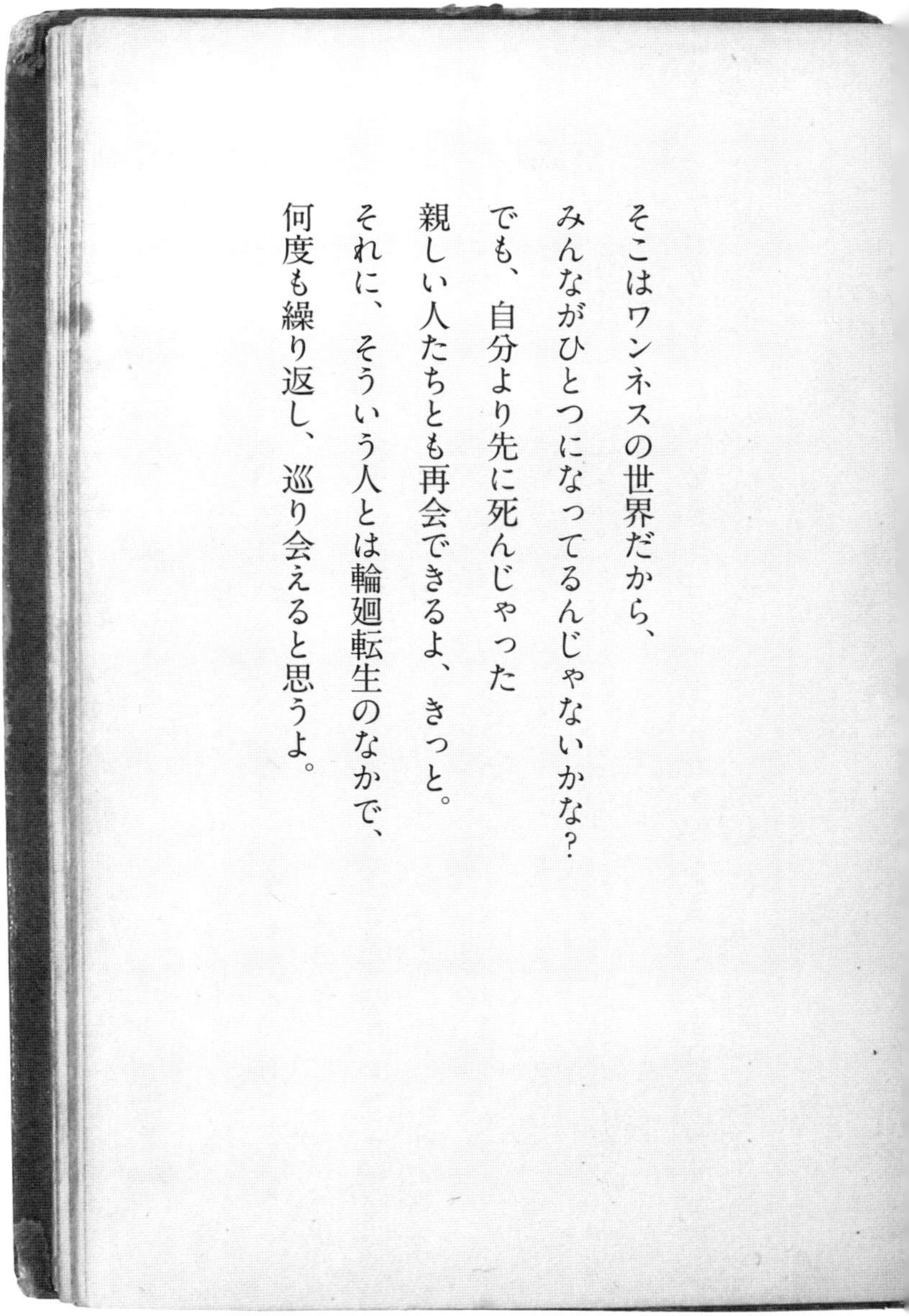
そこはワンネスの世界だから、
みんながひとつになってるんじゃないかな？
でも、自分より先に死んじゃった
親しい人たちとも再会できるよ、きっと。
それに、そういう人とは輪廻転生のなかで、
何度も繰り返し、巡り会えると思うよ。

✳魂は時空を超えてつながっている――――山川

ぼくたちの魂はみんなひとつにつながった仲間、つまり、ひとつであること、ワンネスです。どんな世で、どんな乗り物に乗ろうと、お互いに助け合うために人間という形で存在しているのです。みんなつながっている、そして、自分の役を演じているのです。

そのことに気づかずに今生を送ったとしても、死んで純粋な魂にかえって、大いなる宇宙に溶け込んだ瞬間に思い出すことでしょう。そうして、根源にかえった魂はまた生まれ変わって、今生で学べなかったことを学び続けるために、あるいは今生でできなかったことを、新たな使命を帯びて生まれてきて、さらに行動して、学び続けるでしょう。

その大いなる宇宙に地上のコミュニティのようなものがあるかどうかはわかりませんが、何かしら縁のある魂は時空を超えてつながっていると、ぼくは思います。

そのひとつの現象が、今生で出会った人とは過去世で何かの関係があった人だし、そういう人とは何回も生まれ変わって、役柄を変えて、また出会うということではないでしょうか。

たとえば、こんな経験はありませんか？

初対面なのに、不思議と昔からの知り合いのように感じる。

どこかで出会って、とくに連絡を取り合ったわけでもないのに、たまたま、ひょんな場所で再会した。

出会った瞬間に一目惚れ。「この人こそ運命の人だ！」と感じた。

どういうわけか、いろんなところで何度も「バッタリ、出くわす」人がいる。

周囲の評判が悪くても、なぜか自分とは相性がいいし、憎めないところがあると感じているせいか、延々と腐れ縁のようなつき合いが続いている。

たまたま出会った人が、自分の人生を大きく変えた。

日ごろから会いたいと思っていたら、その人と会うチャンスが巡って来た。

人との縁というのは、本当に不思議なものです。

ぼくも、旅行に出かけたとき、行く先々で同じ人に会った、という経験があります。別に互いに情報交換したわけでもないし、バッタリ出会う場所はけっこう距離的にも離れていたので、確率的にはものすごく低い偶然ですよね。

でも、人との出会いはどれも偶然ではありません。それだけ魂同志の縁があるから、出会うべくして出会った。そんなふうに感じています。

もうひとつ、卑近な例で言えば、ぼくと妻は過去世でも何回も夫婦だったようです。アメリカでも、ロシアでも、中国でも、今生の日本でも。とんでもなく強い縁で結ばれた魂なのでしょう。

過去世は詳しく知らなくてもいいのです。でも、「縁のある魂が宿った人とは、生きている間も、死んでからも、これからも、何度でも巡り会える」ことはたしかだと思います。だから、出会う人はどの人も大切に扱わなくてはなりません。縁が深いから出会っているのですから。そのところが分かっていさえすれば、人類全て兄弟かもしれません。また、愛する人に先立たれたとしても、悲しみも和らぐと思います。全ては約束ごとのお芝居なのですから。人と争わないで、仲良く、愛し合いなさい、というイエスの言葉がよく理解できます。みんながそのことを理解したら、国同士の戦争もなくなるでしょう。

いま、みなさんはこの本を通して、ぼくと出会いました。これも何かの縁があったからではないでしょうか？自分自身を知り、自分を心から愛し、隣人を愛せるようになれば、人生は必ず良い方向へ向かいます。人には必ず使命があります。自分の大切さ、命の尊さ、自分の真の価値を知って欲しいと思います。自分にとっての幸せな人生を築きあげるのが人生の目標だと、単純に考えればいいと思います。人生ややこしく生きる必要はありません。

スピリチュアルな世界に目を開いた人は、必ずや今生で起こるすべてのことを受け入れられます。悪いことは何一つ起こってはいないのです。そこに神の計らいがあると思います。

＊死後の世界はどうなってるの————阿部

「人は死んでからも、あの世で同じような仲間が村をつくって暮らしている」そんなことを言う人がいます。

それが本当かどうかは、死んでみないとわかりません。でも、考え方としては楽しくていいじゃないですか。

しかも、愛する人に先立たれても、「また会いたい」と強く願えば会える。山川さんが「引き寄せの法則」と訳したあの『ザ・シークレット』(ロンダ・バーン著)にも「願ったことは何でも実現する」って書いてあるでしょう?

でも本当のところ、誰がどんなに詳細に死後の世界を説明しても、すべては〝たとえ話〟です。

死後はぼくらがいま生きている世界とは次元が変わるので、どんな言葉もバーチャルになってしまいます。

たとえるなら、３Ｄ映像が立体に見えても、実際には2次元でしかないのと似ています。つまり、いまのこの次元にいる限り、異次元である死後の世界のことは何もわからないというのが、誰にとっても正直なところではないでしょうか。

そのくらい圧倒的に違う存在形態が死後の世界なのです。

でも逆に言えば、どう想像しようと自由だ、ということ。魂を大いなる宇宙に遊ばせ、主観に訴えかけてくる光景があるなら、それが死後の世界だというふうに捉えてもいいと思います。

それはそれとして、現時点での人間関係を考えてみましょう。

誰にでも、気の合う人・合わない人がいますね？　ただ、いつも同じかと言うと、そうでもありません。

とても気が合って仲良くしていたのに、何となく距離ができることがあります。逆に、どちらかと言うと苦手で敬遠していたのに、何かのきっかけで急速に親しくなる場合もあります。

どうしてだと思いますか？

それは、どちらかの波動が変わったからです。ぼくたちは出会う人みんなと波動のキャッチボールをしています。同じような種類の波動を持った人としか、気が合わないし、いっしょにいて居心地が良くありません。

しかも、波動は一定ではないので、仲の良かった人とも、自分か相手か、どちらかが変われば、ちょっと距離を置きたくなるわけです。逆もまた然り。

そういう意味では、気の合わない人とムリに仲良くしなくたっていい。波動が合わないのはお互い様で、つき合わないほうがどちらも楽ちん。距離を置いたからって裏切ったことにはならないし、近づいても媚びているのではない。自然に任せるのが一番です。

このような波動の合う・合わないは、魂レベルにも当てはまるかもしれません。その意味では、あの世にも惹かれ合う魂がコミュニティを形成している可能性はなきにしもあらずです。繰り返しますが、個別魂があればの話ですよ。

どう、死後の世界が、わからないながらも、ちょっと楽しくなってきたんじゃないですか？

不思議な話③　ソウルメイトってなんだろう？

ソウルメイトは〝自分を苦しめる人〟

山川　ぼくはいま、自分の身近にいる人はみんな、ソウルメイトだと思ってます。

阿部　同感です。自分に影響を与えてくれる人はすべて、ソウルメイトですよね。

山川　そう、魂が近い。そして縁が深い。縁があるから出会っている。

阿部　ソウルメイトという言葉を聞くと、たとえば自分を幸せにしてくれる人だったり、何かこう運命的な出会いをした、よくツインソウルと呼ばれるようなものを連想する響きがあるじゃないですか。

山川 ああ、ツインソウル……。魂はもともと大昔は、男女の魂が組み合わさってひとつだった、で、この世に生まれるときに男と女と別々の個体に乗っかった、だからまたひとつになろうと、強く惹かれ合うのだというような。

阿部 ええ。古い言い方だと、運命の赤い糸的な。若い人たちが求めているソウルメイトって、そういうすごくロマンチックなもののような気がするんです。

山川 白馬に乗った王子様？ そんな人はいませんよ。出会って、互いに大変な苦労をするのがソウルメイト、とも言われますしね。結婚して、めでたしめでたし、というふうにはなかなかならない。出会いがドラマの始まり、そして結婚もそこが夫婦の出発点だから。

阿部 まったくその通りですね。『その後のシンデレラ』っていう物語をつくらなくちゃいけないくらい。ぼくはね、ソウルメイトって、お互いを磨き合いながら成長していく関係だと思うんです。言ってみれば〝やすりの関係〟。必ずしも、居心地のいい相手ではないかもしれないって。

山川 うん、阿部さんの言うように切磋琢磨とか、思いやりとか、何か互いに相手をコントロールしながら、愛を学んでいるように思います。一番身近で、一番成長の糧になる人、という感じでしょうか。

阿部　ぼくの定義は、「自分を苦しめ、自我を明らかにし、自分が持っている問題をすべて表面化させる相手」。ソウルメイトとは関係性で言うと、それぞれが抱える自我を互いに発見して、成長していくプロセスを共有する相手だと思うんです。最終的には、自我に埋没している状態から脱却して、自己の本質に目覚めていくという。

２人で覚悟を決める

山川　たしかに、人との関係は鏡のようなもので、ソウルメイトは自分のいやな面を映し出してくれますよね。自分の成長にとって欠かせない存在でもあります。ところで、結婚相手はどのケースであってもソウルメイトだと思いますか？

阿部　地球上の何十億人のなかからたったひとり、結婚した人ですから、ソウルメイトと呼んでいい存在でしょう。だからこそ、結婚生活は苦しみも多いわけだし。

山川　ははは……夫婦はケンカもするし、主導権争いはする、意地の張り合いもするし、なかなか大変ですよね。でも、それがお互いにさまざまな学びを与え合っています。切磋琢磨して互いに助け合うために、魂を成長させるために夫婦になった、というふうに思うんです。結婚した人はソウルメイトであり、縁の深い人。間違った人とは結婚しない、というのがぼくの考え方です。問題の起こらない夫婦はありません。僕は何も問題がない夫婦に出会いましたが、その方は若くして亡くなりました。やっぱり、若くして死に別れという問題はあったのです。

阿部　ぼくがよく言うのは、夫婦だったらぶつかり合うのが当たり前で、うまくいかないようにできているということ。ここだけ聞くと、絶望しちゃう人もいるかもしれないけど、肝腎なのはここから。「関わらないほうがイヤな思いをしないですむ」なんてあきらめるのはもったいない。いろいろ不満はあるだろうけど、この人しかいないという覚悟を決めて、互いに向き合うしかない状況に追い込んで、相手の良いところを探しましょう」と言っています。２人で覚悟を決めて、良いところを探し合う努力をすれば、深く豊かな愛情が生まれ、奇跡が起きると思うんです。

山川　相手の良いところを見るのは大事ですね。でないと、助け合う気持ちが生まれませんから。互いに成長すると、もう本当に相手に感謝、感謝です。僕はホ・オポノポノを相手に言うのがコツだと思う。「ごめんなさい」「許してください」「愛していますす」「ありがとう」の4つの言葉です。直接言えなかったら、隠れて言いましょう。

ともに輪廻転生を繰り返す仲間

阿部　さっき山川さんが言った「縁」で思い出しましたけど、ぼくは妻の智子さんと親戚だったんです。結婚してわかったんですが、2代前に両家で結婚した人がいたんです。郷里が東京と新潟と離れているので、まさかそんなことがあったとは思いませんでした。

山川　あるんですね、そういう不思議な縁が。ぼくはソウルメイトって、ずっといっしょに輪廻転生を繰り返す仲間と言っていいのではないかと思っています。ソウルメイトは何人もいて、何度もいっしょに地上に生まれてきては、さまざまな人間関係をつくりだし、互いの学びを助け合っていると。

阿部 なるほど。山川さん、亜希子さんとは過去世でもずーっと夫婦だったんでしょ。

山川 いつもいつも、というわけではないだろうし、生まれた世によっては関係性の浅い・深いがあって、好きな人ばかりではなく、なかには大嫌いな人もいるでしょうけど、身近な存在として出会う確率は高いのではないでしょうか。

阿部 そこはぼくにははっきりとはわからないけど、山川さんとも縁あって今生でお会いできたと感じてます。

山川 前にも言ったでしょう？　過去世で本当に阿部さんとは会っているんです。

阿部 ぼくたちは間違いなく、ソウルメイトですね。

SECRET OF DEATH

＊

第4章

死ぬのは怖くない

人は死なないと言われても、
やっぱり死ぬのが怖い……。

「死が怖くない」からといって、
まさか「死にたい」とは思わない。
どんなにさとった人だって、死ぬのは怖いよ。
どうしようもなく恐怖感に襲われたときは、
瞑想して「魂は死なない」ことを思い出して。

＊一番大切なのは「いま」―――――――――山川

呼吸が止まり、脳も他の臓器もすべてが活動を停止する。それが、肉体の死です。ぼくたちがふだん、無意識のうちに行っているこの生命活動が止まってしまうのですから、その苦しさを想像すると怖くなりますね。当たり前のことです。

人間というのはそもそも、まだ事が起こっていなくてどうなるかわからない、あるいは実体が見えないものに対して恐怖感を持つもの。死もそのひとつでしょう。でも、そんなものを恐れてばかりいると、一番大切な「いま」を台無しにしてしまいます。

そういった恐怖心を和らげるためには、「いまの私は大丈夫、恐れることは何ひとつない」と自分に言い聞かせるしかありません。死に対する恐怖なら、繰り返し述べているように、「肉体が死んでも大丈夫、魂は死なない」と。

もっとも、確信がないと、なかなかざわつく心を鎮めることはできないかもしれません。その確信を得るにはどうすればいいか。

それには、やはり、「瞑想」が一番でしょうね。「そんなことを言われても、どうやって瞑想したらいいかわからない」という方のために、いくつかの方法とポイントを紹介しておきましょう。

まず、「さぁ、瞑想しよう」と決意することが第一歩。死の恐怖心に囚われているときは、決意しやすいと思います。その気になれないならば、まだ瞑想する時期がきていないだけですから、ムリをすることはありません。

決意したら、最初は静かな場所で正座をするか、椅子に座るか、あぐらをかいて座るか。好みのスタイルで座ってください。あぐらをかくときは、お尻の下にクッションとか座布団を敷くと、背筋をまっすぐするのに役立ちます。

次に、深呼吸を3回して、気持ちを静めます。あとは目をつぶって、動かずにふつうに呼吸をするだけ。簡単でしょう?

よく「何も考えてはいけないんでしょう?　それが難しくてできない」と言う人が

いますが、あまり気にしなくてけっこう。何も考えないで無の境地になれればいいけれど、思考が次々と湧いてきて、なかなかそうはいきません。

そんなときは、思考を追いかけずに、「思考を眺めている」ようにするといいと思います。そうやって思考を眺めているのが、実は「本当の自分」なのです。

それでも思考がやみそうにない場合は、自分の呼吸をひとつ、ふたつ、みっつと、ゆっくり10まで数えることを繰り返すのもいいでしょう。自然と意識が呼吸に集中し、思考が気にならなくなります。

ほかにも、「自分の胸のなかに白い光の玉を想像し、その光が足の先から手の指先まで、体中に広がっていく様子をイメージする」というやり方もあります。

やってみるとわかりますが、その光がやがて体から外にはみ出し、地球上をどんどん広がっていき、ついには宇宙のかなたまで大きく広がっていきます。そこから、地球が見えるかもしれません。

どんな方法にしろ、さほど難しいものではありません。こうして瞑想すると、本当の自分はエネルギーであり、光であり、体以上のものなのだと確信できるはずです。

こんなふうに瞑想を続けていくと、いつの間にか心が平穏になります。死に対する恐怖だけではなく、この世を生きることそのものに対する負の感情も消えてゆきます。瞑想を始める前より、ずっと幸せな自分になっていることに気づくでしょう。

瞑想した日はカレンダーに丸印をつけるなどすると、続ける励みになると思います。まぁ、とても気持ちがいいので、毎日やりたくなると思いますが。

ぼく自身にとっては、ダンスも瞑想状態に入れるいいものです。古代の人々は、神と交信するためにダンスを踊りました。ダンスはぼくたちの根源に宿る力、喜びなのです。

踊ることによって、人は頭であれこれ考えるのをやめて、体に意識が向きます。そしてさらに、踊ることによって自分の魂と出会っていくのです。頭も魂も消えてしまうといいですね。瞑想状態です。

盆踊りでも社交ダンスでもフラダンス、フラメンコ、バレエ、ディスコ……どんな踊りでもOKです。とくに心が恐怖や苦しみ、悲しみなどに支配されているようなときは、どんどん踊りましょう。体と心が軽やかになり、鳥のように自由になります。スピリットダンスと名付けて、自由ダンス、瞑想の会をやっていますので、ぜひ参加してください。

✳なぜ死が怖いと感じるのか ―― 阿部

自我は己に実体がないことをどこかでわかっていて、でも「ある」と錯覚させるために、四六時中、いろんな手段を駆使しているんじゃないかと思います。死を怖いと感じるのも、おそらくそんな自我のしわざでしょう。

肉体が死ぬと、同時に自我も消滅する。そのことを一番恐れているのは、ほかならぬ自我なんです。だから、自我と同化して生きている我々は、死に対して大変な恐怖を覚えるわけです。

これはある程度、仕方のないことです。あの一休さんだって、

死にはせぬ　どこにも行かぬ　ここに居る
尋ねはするな　ものは言わぬぞ

という有名な歌を残し、「私は死んでもここにいる」とパシッと言っているにもかかわらず、最期にこう言ったそうです。

「死にとうない」――。

だから、死が怖くないからといって死にたいわけではない。別の話なんですよね。一休さんには恐怖心はなかったかもしれないけど、多くの場合は「死にたくない」という気持ちは恐怖心から出ているように思います。

でも、いたずらに怖がっていてもしょうがない。それでは自我に埋没してしまうだけ。どこかで「人は死なない」ということを実感していたいですよね。そうすれば恐

怖心を失くすことはできなくても、和らげることはできます。

ただし、単に「人は死なない」ということを、知識として頭に植え付けるだけではダメです。本当の自分たる意識が、大いなる宇宙に広がってひとつになるという体感を得ることが必要なんです。

そのためには、山川さんも言っているように、「瞑想」がいい。できれば毎日、朝夕2回の瞑想タイムを持つことをお勧めします。そうすれば、本当の自分は死なない存在だということを感じるようになります。

ここでは、瞑想を含めた「本当の自分を取り戻す」方法を、いくつか紹介しておきましょう。

ひとつ目は、ベトナムの禅僧、ティク・ナット・ハン師が推奨する感情コントロールトレーニング。

ぼくたちは日々、忙しく過ごしています。イヤなこともあるし、苦労も悩みもある。思うように事が運ばないことなんて、しょっちゅうです。

イライラすることの連続ではありませんか?

そうすると、その場その場の感情で動いてしまい、自分を見失います。そんなときは、とりあえず、心のなかでこうつぶやきながら、深呼吸を2、3回。

「息を吸って、私は静か……」

「息を吐いて、私は静か……」

これだけで気分はかなり落ち着きます。と同時に、「イライラするほどのこともない」と思えるでしょう。

3回やっても10秒前後のお手軽なトレーニングなので、ぜひ暮らしのなかに取り入れてください。

また、ふたつ目は、気分がすぐれないとき、空を見上げるとか、高いところに上って下界を見下ろす、広〜い場所に行ってみる。そして深呼吸してみます。ほら、なんだっていいように思えてくるでしょ。

宇宙は大きいなァ。

いかに自分が、頭の中のちっぽけな世界に埋没していたか気づくことでしょう。

みっつ目は、マインドから解放されるためのトレーニング。

これは、ぼくが宇宙的自己を感得した、その入口になったものです。その時は何と、人前で突然、仰向けになって、両手両足をバタバタやりながら、ギャーギャー泣き喚いたのでした。おもちゃ売場などで子どもがよくやる、あれです。

あ……いま、「そんな恥ずかしいことはできない」って思いましたね？　おっしゃる通り、ふつうの神経ではとてもできません。

ご安心を。自室で簡単にできる「ジベリッシュ瞑想」というものがあります。これは、30年ほど前に、いまはOSHOの名で知られるバクワンの瞑想センターに通っていたころに、ぼくが気に入っていた瞑想法のひとつです。

やり方は簡単。これまでの人生でつらかったことや、傷ついたことなどを思い出し、それに関係する人の顔をイメージしながら、意味のないことを叫び散らしてください。

このとき、相手を罵倒したり、自分がどれだけ大変だったか、怨んでいるかなど、具体的な言葉を使わないことがポイントです。言葉には、事実を狭めてしまう性質がありますからね。

とにかく言葉にならない言葉を「ムギャァ、アギャァ、フギャァ……」というふうに、貧血で倒れそうになるまでやってみてください。すると、感情の高まりとともに声が大きくなり、ふだんは理性によって封じ込められていた狂気がすっかり外側に吐き出されます。

そうして限界までできたところで、ピタリとやめて、静かに座るのです。その静寂は静寂を作ろうとした時よりも静かです。

さて、よっつ目がいよいよ瞑想です。

まず言っておきたいのは、瞑想は「する」ものではなく、「起きてくる」ものだということです。

夜寝るときに「寝よう、寝よう」と思うと、かえって眠れなくなっちゃうのと同じで、瞑想も「しよう、しよう」と思うとうまくいきません。忘れたころに自分の身が乗っ取られたようになって眠りにつく、あの感覚です。

だから、とりたててやり方のようなものはなく、ただ目を閉じて、瞑想が起きるのを待つだけでＯＫです。

特定の体験を期待してはダメ。空《くう》を感じるとか、光に包まれるとか、そういう期待があると、自然に起きる瞑想を妨げてしまいます。

あと、ムリヤリ想念や雑念を消そうとしてはいけません。生体反応として、思考はふつうに出てきます。

それは、一日のストレスを解放してくれる、寝ている間の夢のようなもので、でも瞑想中はもっと深いレベルでストレスのお掃除をしてくれます。

意識を集中させようとしてもいけません。集中は、それ以外に向ける意識を全部、シャットアウトすることになってしまうんです。

瞑想とは、あらゆる意識を明らかにして、意識の全体を浮かび上がらせていくこと。集中することとは違います。

瞑想が起きると、潜在意識下のお掃除が始まります。そのプロセスは「カルマの解消」とも呼ばれていて、ぼくらはそれによって軽くなり、本当の自分、あるがままの自分にかえることができます。

幸せは「いま、ここにある」ことが意識されるのです。

慣れてくると、「座る場所さえあれば、いつでも、どこでも、瞑想が起きる」ようになります。

姿勢は絶対条件ではないので、別に坐禅を組まなくてもいいです。椅子に座った状態が一番ラクかな、と思います。

強いてやり方を言うなら、「リラックスして座り、深呼吸をして、軽く目を閉じ、人生でやっているすべてのことからいったん手を引く」感じ。つまり、外側への干渉を一切やめて、

「ジタバタしてもしなくても、事は起きるように起きていく。すべてを手放して、天にお任せしよう」

というような感覚で深呼吸を繰り返す。やがて気持ちが落ち着き、瞑想が起きてきます。

最近のぼくのお気に入りの〝瞑想スポット〟はサウナです。サウナ室の中で10分ほど座りながら首から上が完全になくなった感じをイメージします。その状態で水風呂に入ると、冷水で体の感覚がマヒし、今度は体全体が消えたような気になります。こうして「私」がいなくなるんですね。

解放された境地をしばし味わってから温かいお風呂に入り、体が温まったら風呂場の隅の椅子に座って、本格的な瞑想に入ります。気がつくと、40分くらい経っているでしょうか。とても気持ちのいいひとときです。

毎日やっていれば、このくらいの〝瞑想ワザ〟は身につきますよ。

余談ながら、このあいだ94歳の誕生日を迎えたぼくの母は、何度か体調を崩しました。そのたびにぼくは「今度こそ覚悟しなければ」と思うんですが、「あたしは必ず回復してみせるよ」の言葉通り、いつも完全復活します。

そんな母の心配ごとは「もしかしたら、あたしは死なないんじゃない？」ってことだそうです。

死んでも死なないよという僕の言葉を、どこまで理解してくれているかは知りませんけど。

死ぬこと以前の問題として、
病気になるのが怖い……。

体調を崩すと、どうしたって弱気になります。
命に関わる病気ではなくても、
「このまま死んじゃうかも」と思うことさえあります。
だからこそ、「健康でいたい」と強く願い、
自分に合う健康法を実践することは大切なのです。
ピュアな魂でいるためにも、健康に気をつけましょう。

＊僕の健康法とは？ ―― 山川

ぼくは大病をしたこともあって、いまは健康にとても気を使っています。たとえば毎朝、起きるとすぐにヨガの自分の好きなポーズをやっています。けっこう凝り性なのかな、今まで習ったヨガの好きなポーズを10ぐらいして毎日さぼらないように、カレンダーのその日に丸印をつけています。

そうするともし自分がサボったら、一目瞭然ですから、習慣化していくのに役立ちます。今は習慣になっています。いい習慣をつけることが、自分をパワフルにすると思いますね。

また、食生活で言えば、だいたい何でも食べます。野菜が中心で、あとは肉。ぼくの場合は、肉を食べないと、あっという間に体重が減ってしまうので、動物性タンパク質が必要な体質なのでしょう。

飲み物はもともとコーヒーが苦手なので飲みません。ソーダ類、ペットボトルのお茶、ジュース類も飲まず、ミネラルウォーター、白湯を飲むようにしています。

あと、アルコールは体質的にダメです。でも、お酒って、神聖な飲み物。神様からの贈り物です。神社やお寺にはお酒が供えものとして使われるでしょう？　お清めのときにもお酒が使われますし、日本酒にはぼくたちの魂を清める力があります。適量のお酒は人生を明るく、楽しくしてくれます。

「スピリチュアルに成長するためには、お酒を飲まないほうがいいのでは？」なんて誤解している人もあるようですが、そんなことはない。楽しく飲むお酒は心身をリラックスさせてくれるでしょう。僕自身はアルコールを必要としない体質です。

それに、霊的に成長すると、ぼくたちは自分を害することを自然と行わなくなります。ついお酒を飲み過ぎてしまう人は、心に傷があるのかもしれません。飲み過ぎないように注意するより、心の傷に目を向けることが先決でしょう。トラウマ解放体操ＴＲＥをぜひ学んでください。（『人生を変えるトラウマ解放エクササイズ』ＰＨＰ）

いまは、まさに世をあげての健康ブームです。健康にいいとされるものも、たくさん売られています。

氾濫する情報にあまり振り回されてはいけないし、お金儲けが透けて見えるようなものには用心が必要でしょう。でもぼく自身は、お金のかからない健康法なら、いろいろ試して、自分に合うものを探してみる価値はあると思っています。なぜなら、新しい健康法を提唱する人は、神様から「人々を健康にする道具」として、それを受け取っている可能性があるからです。

ぼくも、たとえばヨガの本や呼吸法の本、『耳をひっぱるだけで超健康になる』とか『長生きしたけりゃふくらはぎをもみなさい』といったベストセラーを読んで、耳を引っ張ってみたり、風呂に入ったときはふくらはぎをもんだりしています。なかなかいいみたいです。

大切なのは、自分の健康は自分の意識しだいで守れるという感覚を持つことです。そのためにも、バランスの良い食事や軽い運動、十分な休息と睡眠の確保などに配慮することが必要です。健康って、医者が治してくれるものではなく、自分で責任を持って健康管理をすることが大切です。ちなみに、僕は毎朝6時20分ごろ、近くの成瀬台公園のジャングルジムでぶら下がり運動、その後、6時半にはラジオ体操、その後、仲間と40分のウオーキングをしています。

昔から「健全なる精神は健全なる身体に宿る」と言われますが、それは魂にとっても同じこと。さとりを求めているのであれば、体も健康でなければなりません。それは、喘息になって公務員を辞めなければならなかった苦い経験から、何年もかかって、泣き泣き学んだことです。

けれども、病気になったからといって、そう悲観することはありません。病気になって初めて、健康のありがたさに気づき、自分の人生を振り返る時間を持つことができるからです。病気にはマイナス面ばかりでなく、プラスの面もあるのです。

病気というのは実は、自分で引き寄せたものです。ストレスだらけの仕事を休みなく続けていたり、運動不足や睡眠不足、暴飲暴食など、自分自身を大切にしない行動の結果が、病気となって現れるわけです。

その意味では、病気は「いままでの生き方ではいけませんよ。もっと自分を大切にしてください」という体からのメッセージだということもできます。もし、人生の途中で大変な病気にかかったり、大ケガをしたりしたなら、それはこの人生で大切なことを学ぶためだと捉えてください。僕は喘息のお陰で、人生の方向が完全に変わりました。

健康な人は健康に感謝し、その状態を維持するようにし、体の弱い人は病気などで思うようにならない体験から自分を大切にすることを学びます。生まれながらに病気や障害のある人は、忍耐や愛を学びながら、周囲にも多くのことを教えています。

いま健康な人も、そうでない人も、どうか自分の健康には気をつけてください。良い習慣を身につけることが第一です。仲間も大切ですね。ラジオ体操の仲間、ウオーキングの仲間など。これからは地域地域で、お互いの健康を増進する方策を考えるべきだと思っています。中国や、韓国の公園で感激したことがあります。

＊瞑想法は健康法――阿部

幸いにも、ぼくはとても健康です。成人してから、病気をしたことがありません。検診を受けたこともありません。今後もたぶん、よほどのことがない限り、病院へは行かないと思います。

聞いた話ですが、定期健診を受けている人と、まったく受けていない人と、どちらが長生きかを調べたところ、ほんのわずかながら、定期健診を受けない人のほうが長生きだったそうです。

このデータを盾に取るわけではありませんが、自分の体のことは自分が一番よくわかるじゃないですか。それに、検診を受けると、必ずどこかが悪いと言われるだろうしね。自分がどこも具合が悪いと感じていないのに、そんな指摘を受けたら余計な心配を抱えてしまって、それこそ体に悪いと思います。

こんなふうに健康でいられるのは、おそらく瞑想のおかげでしょう。

実際、瞑想法は健康法でもあるのです。だって瞑想は、起きている現象を「問題」と捉えるマインドとの同化を薄めてくれるからです。くよくよ思い悩んだり、イライラしたりするネガティブな時間が減って、それによりストレスも軽減され、体調が良くなります。病気の原因の大半は精神的なものですからね。

アメリカのアンチエイジング医学会では、「瞑想は循環器系や心臓疾患、高血圧から老化のプロセスを反転させる効果まで、健康の改善に寄与する」ことが発表されています。

ほかにも、「30分の瞑想で2時間分の睡眠がとれる」と言われているほどで、慢性的な睡眠不足も解消できるとか、執着心がなくなり依存症が改善する、といった効果もあります。みなさんにもぜひ、健康法として瞑想を取り入れていただきたいですね。

ちなみに、健康法ではないけれど、ぼくはお肉を食べません。前に読んだ『アミ小さな宇宙人』という本に、宇宙人のアミが地球の少年の家の食卓にステーキがあるのを見て、「げげっ、君の星では動物の死骸を食べるのかい?」って驚くシーンがあるんです。そのイメージが強烈で、肉を食べたくなくなりました。

肉食をやめてからは、さらに身体が軽くなり透明感が増してきたことを実感しています。イライラや怒りの感情が激減したのも、肉を食べなくなってからです。

まだ死ぬわけにはいかないんです。

「まだ死ねない」「まだ死にたくない」
と思うことは生きるエネルギーになるよね。
ただ、それがもし自我の主張なら、捨ててしまうこと。
そうではなく本当の自分が望んでいるとしても、
志半ばで死んだっていいんじゃない？
その志は魂が未来世に引き継ぐのだから。
そう信じて、気楽にいこうよ。

＊「人生の残り時間」を意識するとき――山川

年齢を重ねるにつれて、「人生の残り時間」を意識するようになるものです。若いころはずーっと先にあった死が、だんだん身近になってくるからです。

そのときに思うのが、「このままでは死ねない」ということ。何となく〝やり残し感〟を抱いてしまうのです。

なかには「これだけはやり遂げなければ死ねない」という具体的な課題のある人もいるでしょう。

無為に過ごしてしまった過去を悔いて、「このまま大した事績も残せずに死ぬのは、生きた甲斐がないじゃないか」と焦る人もいるでしょう。

あるいは、これまで目の前の生活に追われて、ガマンせざるをえなかった「やりたいこと」がたくさんあるように感じる人もいるでしょう。

けれども、だからといって「もう時間がない。死んだらどうしよう」などと恐れる必要はありません。どこまでやれるか、どのくらいの成果を挙げられるか、なんてことは気にせずに、「いま、やりたいこと」をやればいいのです。

だいたいにおいて、自分のやることに対して夢想する一定の成果とか、世間的な幸福といったものは、本当の自分が望んでいることではありません。「充実した人生」「立派な人生」「幸福な人生」にどうあるべきか、という概念に縛られている場合がほとんどです。

残り時間が少ないからこそ、そんな気持ちはもうキッパリ捨ててしまったほうがいい。それよりも、本当の自分はいつだって「いま、幸せ」な人生を積み重ねているのですから。何か成果を残すという事は重要だとは感じません。ただ、自分としては自分が覚醒して、さらには人が幸せになる手伝いができれば良い人生だったと思って、人生をまっとうできるかもしれません。やることはやったと。

実のところは、あなたも、ぼくも、誰もが、生まれる前に決めてきたシナリオ通り、完璧に生きているのです。

だから本来、「やり残したことがいっぱいある人生」というのはないのです。やるべきことをすべてやったとき、死が訪れるのです。

そもそも魂というのは、前世でやり残したことをやろうと、今生生まれて来たのだと思います。それも、何度も何度も繰り返しています。そういう意味では、今生を生きる自分の魂は、いままで輪廻転生してきたなかで、かなりいいところまできているのではないでしょうか。また、今生でやり残したことがあったとしたら、それはおそらく、来世に引き継がれていくと思います。だから、安心して、やり残したことなど気にせずに。今この時を自分の好きなように生きればいいのです。


ぼく自身は、人生の目的を「いま、幸せでいること」と、単純に設定しています。自分が幸せでいれば、周りの人たちと幸せをわかち合える。自分の幸せを大切にすれば、争うよりも助け合うことができる。そんなふうに思うからです。

それに、ぼくの使命は「多くの人たちにスピリチュアルなことをどんどん知ってもらって、世の中を良くしていく。愛と平和をまず自分から世界に広げて、地上を天国のような場所にする」ことです。だから、今生で成し遂げられるものではありません。

だから、どんなにがんばっても、志半ばで死ぬことになります。いつまで続くプロジェクトかわかりませんが、また来世も地球に転生してきて、平和な世界を、さらに広げて行く運動に携わりたいと思います。そのためにも、この地球の環境は守りたいですね。

人生はいいことばかりではありませんが、間違いなく完璧に良い方向に向かって進んでいるのです。

＊ぼくらが「人生」と呼んでいるもの――――――阿部

人の世は　食うて糞して寝て起きて
さてそのあとは死ぬるばかりぞ

ここまで何度か紹介してきた一休さんの歌ですが、これなども人生をズバリ言い当てています。

そう、人生に意味はないのです。もちろん、人それぞれに意味を持つことはできますが、本来内在している意味はない。もし、あるとしたら、意味のない人生を超えていくところに人生の意味がある。ぼくはそう思っています。

ぼくらが「人生」と呼んでいるもの、それは「私」という行為者、言い換えれば自我が営んでいる物語です。しかし本当の「私」とは、「私」が消えたところにある実存そのもので、それをぼくは「真我」とか「大いなる意識」というふうに呼んでいます。その存在を思い出すことが、人生において唯一やるべきこと。そのために、ぼくらは生まれてきたのです。

自分が営んできた人生は、自分の思い込みによって紡ぎ出していたフィクションの物語だということを、誰もが死の瞬間に体験することでしょう。どれだけ今生で「やり残したこと」があると感じていようと、死んだ瞬間に、それらが幻想だったことを見抜くのです。

にもかかわらず、「やり残したことがいっぱいあるから、まだ死にたくない」と思ってしまうのが人間です。だとしたらどんな生き方をしたらいいんでしょう。

それはね、今日一日に100％心を込めること。これが、死を迎えるに当たっての最高の準備であり、流行りの言葉で言えばベストな「終活」です。

まさに禅的な生き方です。

禅というのは「いまここを生きている」という状態を意味します。「いまここ」に気づいている状態ですね。

簡単そうでしょう？　でも、ぼくたちは意外と「いまここにある」ことに気づいていないものなんです。四六時中、いろんなことを考えていますからね。そういう思考を止めて、「いまここ」を十分自覚するのが禅であり、その自覚した「いまここ」に心を込めていくのです。

「アウェアネス（気づき・自覚）」と「ハートフル（心を込める）」の2つが禅の定義です。つまり、いま自分がしている行為に心を込める、ということです。

だから、禅の修業では「作務」――掃除や料理、洗いものなどの作業を重視します。しかも、集中修行のときなどに食事をつくるのは、何年も何十年も修行した先輩の人たち。若輩は坐禅をするんです。

食事をつくる行為は、坐禅よりも高度な営みのわけです。瞑想のときと同じように、100％「いまここ」を自覚して、一方で目の前の作業に心を込めるのですから、坐禅よりずっと複雑にして深い行為なんです。

日々の暮らしのなかで、たまにこの話を思い出してください。そうして、たとえば洗い物をするときに水道から流れる水の感触に意識を集中するとか、歩くときに足が地面につく感触にフォーカスする、料理で野菜を切るときに包丁の感触だけを味わうなどしてみてください。それがトータルな行為に繋がっていき、しいては終活となるのです。

死を学ぶおススメ本――これを読めば死が怖くなくなる！

「死ぬのが怖い」という気持ちは、なかなか消せるものではありません。誰にでも「死にたくない」気持ちはありますから。

でも、「人は死なない」ということを確信していれば、恐怖感がわいてきても「そうだ、死なないんだったな」と思い出せるから、心を落ち着けることができます。

本書では、繰り返しそのことを述べてきましたが、学びは多いに越したことはない。山川と阿部のおススメ本を紹介しておきましょう。

〈山川〉

- 『神との対話』全3巻（ニール・ドナルド・ウォルシュ著、吉田利子訳、サンマーク文庫エヴァ・シリーズ）
- 『魂の伴侶——ソウルメイト　傷ついた人生をいやす生まれ変わりの旅』（ブライアン・L・ワイス著、山川紘矢・山川亜希子訳、PHP文庫）
- 『前世療法——米国精神科医が体験した輪廻転生の神秘』（ブライアン・L・ワイス著、山川紘矢・山川亜希子訳、PHP文庫）
- 『人は死なない——ある臨床医による摂理と霊性をめぐる思索』（矢作直樹著、バジリコ）

●『不死のしくみ』（阿部敏郎著、徳間書店）

〈阿部〉

●『般若心経絵本』（諸橋精光著、小学館）
●『TAO　永遠の大河　OSHO老子を語る　全4巻』（OSHO著、スワミプレムプラブッダ訳、いまここ塾）
●『死ぬのが怖いあなたに』（山川紘矢著、イースト・プレス）
●『ダライ・ラマ　死をみつめる心』（ダライ・ラマ14世テンジン・ギャツォ著、ハーディング祥子訳、春秋社）
●『ビー・ヒア・ナウ――心の扉をひらく本』（ラム・ダス　ラマファウンデーション著、吉福伸逸訳、平河出版社）

SECRET OF DEATH

＊

第5章

いま、
この瞬間の
自分って
なに？

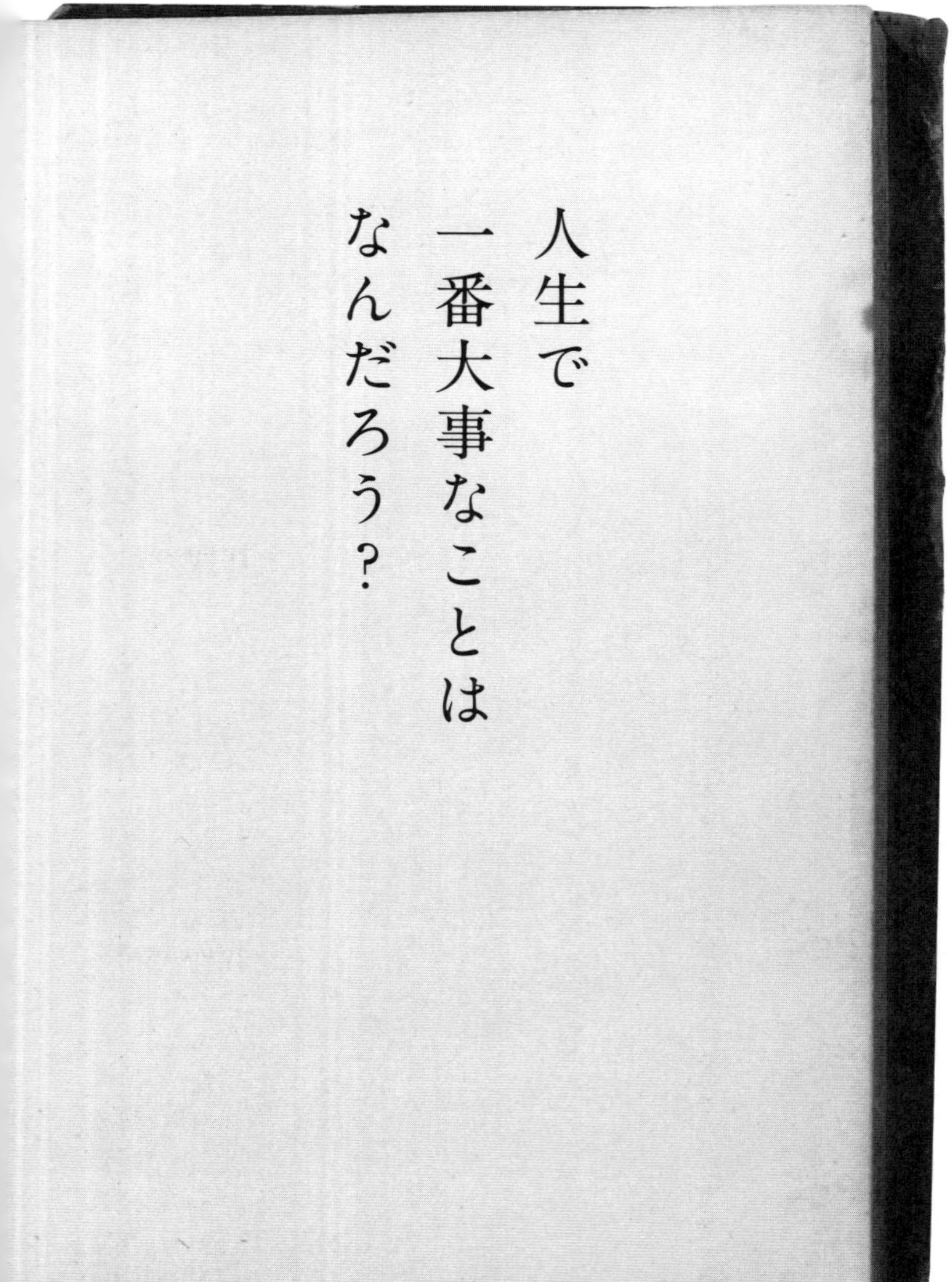
人生で
一番大事なことは
なんだろう？

「自分は誰？　何者？　この世に何しに来たの？」
そんなことを考えたことがありますか？
「あるような、ないような」という感じでしょうか。
だったら、そこを探求するのが出発点です。
人生で一番大切なのは、
「自分を知ること」、これに尽きるのです。

＊人生で一番大切なこと——山川

ぼくはその昔、人生で一番大切なのは、「一生懸命勉強していい成績を取り、いい高校、いい大学に進み、いいところに就職していい仕事をし、いい家庭を持ち、幸せに暮らす」ことだと考えていました。

そして、だいたい思い通りの人生を歩むことができました。

小学校のころから勉強が好きで、成績もよかったので、東京大学という、いわゆる世間でいいといわれている大学に行きました。

大学では法律を学び、いい成績を取り、司法試験に合格しました。国家公務員上級試験にも合格しました。ここで弁護士とか検察官、裁判官などを目指す道もあったのですが、法律はぼくにとってはあまりワクワクする分野ではなかったので、就職は大蔵省に決めました。

ただ、「国民に奉仕するような仕事ができる」と思って入省した大蔵省では、毎日、流れに乗って与えられた仕事をこなすだけ。でも、仕事は楽しかったです。理財局の国有財産の仕事、外務省に出向してアジア局、そして結婚してマレーシアの大使館で外交官としての仕事、鹿児島の加治木税務署長、アメリカの大学院への留学、国連大学での仕事、大臣官房の仕事（偉い人の秘書官役）、アメリカのワシントンD.C.にある世界銀行での仕事、関税局の課長……いろんな職場を渡り歩きながら、気がついたらあっという間に22年間経っていた、という感じでした。

人から見れば、絵に描いたような〝エリート人生〟。ぼく自身も本当にいい人生だと満足していました。

でも、公務員の世界では、誰もがもっぱら人事と出世に関心を向けています。「出世しなければ、やりがいのある仕事ができない」という思い込みがあるのかもしれませんが、ぼくもその〝組織の常識〟のなかにどっぷりとつかっていたような気がします。

そんなぼくでしたから、多くの人たちが何の疑問もなく、「一流と呼ばれる大学を出ること」「名の知れた企業に就職すること」「出世すること」「高給取りになって安泰に暮らすこと」などが、人生で大切なことだと思う、その気持ちはわからなくはありません。

とくに、これといった障害もなく順調にそのコースを進んでいたら、改めて「ぼくはこの世に何をしに来たのだろう？」なんて考えもしないでしょう。ぼく自身もそうでした。

でも、いまは違います。あのころの自分を思い出すと、ちょっと恥ずかしいくらい幼稚だったのです。なぜなら、今になってみれば、本当の自分が望む幸せというのはそんなものではないと、よくわかっているからです。

ぼくが「自分を知ること」の大切さに気づいたきっかけは、神戸税関の総務部長をしていた41歳のときに受けたセルフ・アウェアネス〜自分を知るため〜のセミナーでした。

当時、ぼくは将来、国際機関に出たときに英語で自由に発言したり、議長を務められるぐらいにはなりたいと思って、英語のスピーチクラブに入っていました。そのスピーチクラブの仲間から、「英語で行うセミナーがあるから、行ってみるといいよ」

と勧められたのです。詳しい内容は教えられず、「とにかく体験するとわかる」とだけ言われて、「まあ、英語をもっと学び、さらにブラッシュアップするにはいいチャンスかな」と軽い気持ちで出たのでした。

そのセミナーでは、たとえば相手の目を見て、「信頼できます」「信頼できません」「どちらか言いたくありません」という3つの答えからひとつを選び、次々と相手を変えながら言っていく、というワークがありました。

これがぼくにはさっぱりわからない。相手は初対面なのですから、信頼できるもできないもないではありませんか。

それでも、相手が「信頼できます」と言ってくれれば、自分も鸚鵡返しのように「信頼できます」と受け答えしている。信頼できる感じがしなくても、「信頼できません」と正直に言うのは難しい。ワークのなかで、そんな自分に気づきました。

ほかにも、いろいろなゲームをしながら、ぼくはいままで知らなかった自分に気づいたり、自分が自動的にしてしまっている反応があったりすることに気づいたりで、それはとても新鮮な発見でした。

とにかく否でも応でも自分の心の奥深くにある本当の思いを引きずり出されるこのセミナーを通して、ぼくはいかに自分を知らなかったのかを思い知らされました。そして、「自分とはいったい何者なのか」を知りたくて、いままで読んだこともなかった分野の本をいろいろ読み漁りました。

また、その後ほどなく派遣されたワシントンD.C.でもう一度、セルフ・アウェアネスのセミナーを受講し、スピリチュアルな世界へ徐々に目を開かれていったのです。

こんなふうに「自分を知る」ことを探求し始めた結果、自分が今までいい人生だと信じていた〝人生のカタチ〟がガラガラと崩れました。一生懸命勉強してきた法律や経済学は、実は自分が好きで学んで来たのではなかったこと。自分が公務員になっても、多くの人を幸せにすることは何もできないことが分かってきました。そもそも、先輩達の人生が輝いて見えなくて、自分の将来がワクワクしないこと、自分がエスカレーター式に出世していく安易な場所にしがみついていること。職場では、自分らしさを殺していたこと。さまざまな気づきを得たのです。

ひとことで言うなら、「自分がワクワクする楽しいことをするのが人生だ」ということに気がついたのです。

明言しますが、いまはまだほとんどの人が自分が何者かを知らず、「現実という幻想」の中で生きています。一人ひとりが目覚め始め、「自分を知る」こと、「自分が何をしにここに来ているのか」「自分とは何者なのか」「本当の幸せはどこにあるのか」を探求し始めたら、いい社会が生まれるのではないかなと思います。それこそが、人生で一番大切なことなのです。

＊僕は思いこみを生きていただけ――――阿部

僕の半生は山川さんのそれとは真逆で、子供のころから勉強が大嫌い。で、一番楽で、一番愉快に生きられるのはどんな職業か考えた結果、目に留まったのがテレビで活躍する歌手やスターたち。迷わずその道を進みました。なんのコネもない田舎の少年がギター片手に上京するのだから乱暴な話です。

それが、持ち前の集中力と、持って生まれた運の強さに助けられて、夢は次々と叶っていきました。ところが、ここまでくればあるはずの幸せや安らぎはどこにもない。それどころか、どこまでいっても上には上がいて、密かに抱えていた劣等感は埋まるどころか大きくなるばかり。

成功しても何もなくて、失敗すれば惨めになるだけだとしたら、人生とは一連の欲求不満以外なにものでもないという結論に至りました。早く死にたいと思い始めたのもこのころからです。

ところが運命のいたずらで、ある時、突然の気づきがやってきた。

な〜んだ、全部独りよがりの思いこみを生きていただけだったのか。自分なんて呼べるものは存在していなかったし、過去も未来も頭の中にしかなくて、いつも「いまここ」があるだけじゃないか。人間には上も下もなくて、みんな同じ命に生かされている素晴らしい存在だったんだ。

どこかに行く必要も、誰かさんになる必要もなくて、ただあるがままの自分で全部備わっていたし、最初から幸せだったんじゃないかって気づいたわけです。

それで力がスッと抜けて、人からどう見られようと、やりたいことだけをやりながらいまがあります。

自分を知るということは、それまで自分だと思っていた自己イメージがまったくの偽物だったことに気づくことです。自己イメージは単なる印象の束にすぎず、本来は自分について何一つ「こうだ」と決められるようなものなどありません。

あえて言えば、自分とは誰でもない人であり、ごくごくありふれた普通の存在なのです。自分も含めてこの世には特別な人など存在していません。釈迦もキリストも同じです。誰か一人でも自分以上の存在を認めてしまうと、必ずその瞬間に自分より下の存在を作ります。上と下は両方でセットなので、片方だけというわけにはいかないのです。それが分かったとき、人は抱えていた義務や責任から解放され、まことに清々しい気分になります。そして誰の真似でもない、独自の生き方が始まっていくのです。

したがって人生で最も大切なことは何かと問われれば、「本当の自分を知ることだ」と答えます。

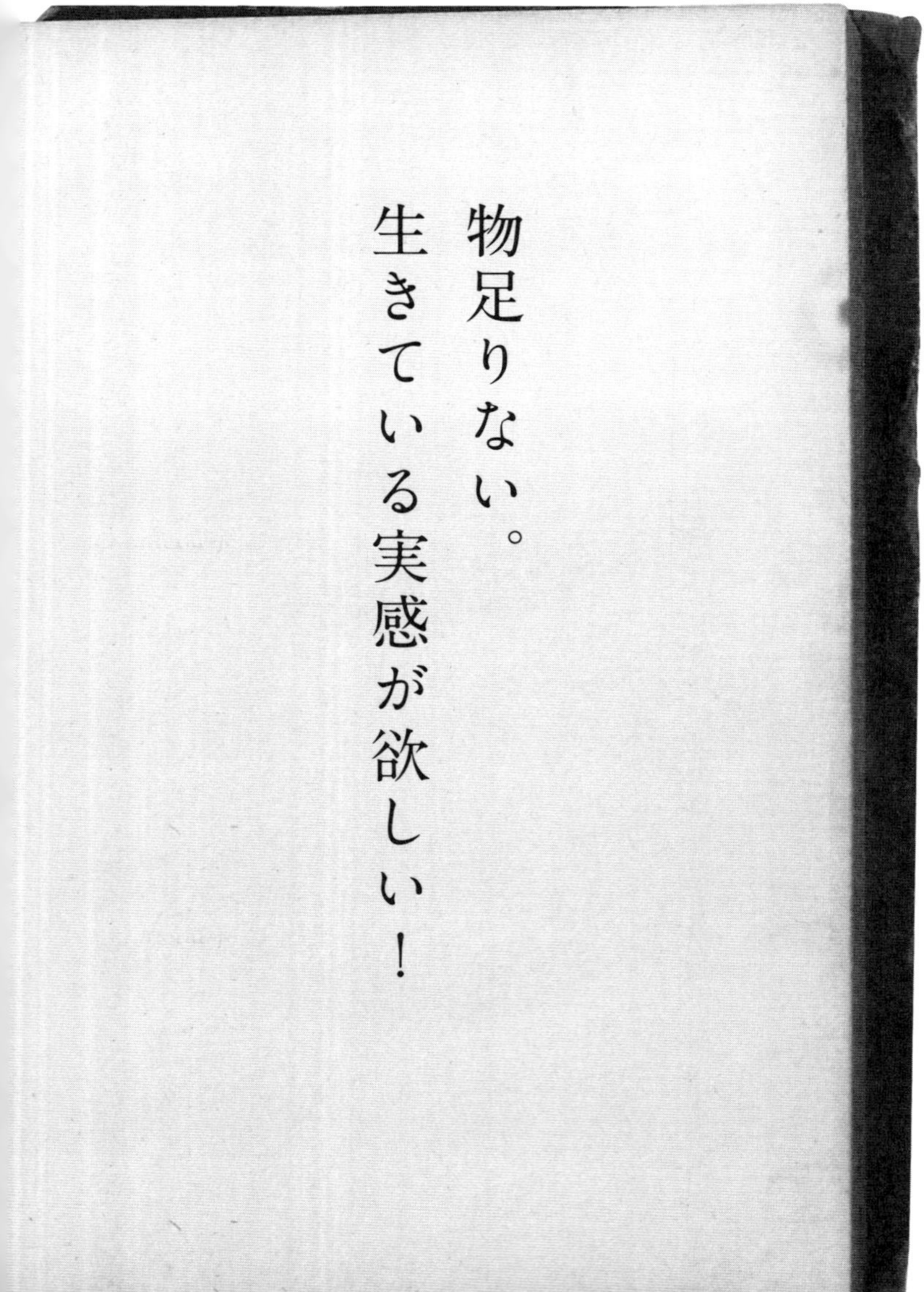
物足りない。
生きている実感が欲しい！

そもそも人生には、失敗はありません。
世間的な成功を得ることと、
生きている実感との間には何の関係もない。
ある意味でそれは、生きるか死ぬかの危険に
さらされたときに湧き出てくるような気がします。
生きている実感が欲しいのなら、
平穏な毎日が崩壊するかもしれない危険なことに、
勇気を出して挑むのもひとつの方法でしょう。

＊自分が引き寄せたこと——山川

人生のどこかの時点で過去を振り返ったとき、「可もなく、不可もなく、平凡な毎日だったなぁ」と思うと、何だかつまらない人生を歩んできたような気持ちになるかもしれませんね。

けれども、過去に起きたことはすべて、自分が魂のレベルで「引き寄せた」こと、すべては自分が生じさせたことなのです。

とは言っても、「自己責任なのだから、嘆いたってダメだよ」などと責めているわけではありません。別の言い方をすれば、魂にとって必要な体験をした、ということです。その人生には何ひとつムダな体験はなく、成功も失敗もないのです。しいて言えば、全て成功です。計画通りに物事が起こったのですから。

ぼくだって、いま振り返れば「公務員時代は自分が心からやりたいと思うことをやっていなかったなぁ。自分の考え方自体が型にはまっていた」と思いますが、だからといってムダだったとは考えていません。すべてがシナリオ通り、必要な体験だったのです。

さて、問題はこれからです。「生きている実感が欲しい」と思うなら、そのように行動するまでのことです。

その際にちょっと、ロンダ・バーンが著書『ザ・シークレット』で説いた「引き寄せの法則」を思い出してください。

これは「思考は現実化する」という考え方で、一時、世界中の話題になりました。いや、いまも大変な注目を集めています。簡単に言うと、

「何か手にいれたいものがあったら、①宇宙にお願いし、②信じると、③それを受け取ることができる」

というシンプルな法則です。

もっとも、手にいれたいものが本当に魂の望んでいるものでなければ、成功しません。それどころか、失敗するでしょう。自分のエゴで、あるいは世間の価値観に洗脳されたところから発する欲から望んだとしても、その声は宇宙に届かないでしょう。

たとえば、私欲から「お金が欲しい、お金が欲しい」といくら強く願っても、それは「いまはお金がないんです」と言っているのと同じですから、宇宙は「そうか、そうか、お金がないのか。それはいいことだ。もっと貧乏な経験をしなさい」とその状態が実現し続けるでしょう。その結果、その人は貧乏を引き寄せることになってしまいます。

そうではなくて、仮に「心から世のため、人のために、こういう事業を始めたい」と願ったとしたら、どうでしょうか。宇宙はきっと、その事業に必要なお金を与えてくれます。その事業に必要なものを与えてくれるでしょう。

いずれにせよ、生きる実感を得るために何をするかは、やはり「本当の自分」を知ることが出発点です。そこから、自分が本当にやりたいことが見えてきます。あとは人生のシナリオのことは気にせず、「100％自由意思」でつき進むといいでしょう。自分が本当にしたいことをしましょう。ワクワク心が震えることをしましょう。

もうひとつ、言っておきたいのは、誰の人生も多かれ少なかれ、山あり、谷あり、波瀾万丈だということです。困難に出会わない人生なんてない、ということです。みんながあこがれるような人生を送っている人も、よくよく話を聞くと、さまざまな逆境を乗り越えていまがある場合がほとんどです。なかには、生きるか死ぬかの困難に見舞われたり、つらくて悲しい出来事を体験したりして、そこから這い上がってきたような人もいます。

彼らは困難や逆境から、さまざまな人生の真理や教訓を学んでいるのです。

それを魂のレベルで考えると、「彼らは生まれる前に、多くの学びを得ようと、苦難の人生、逆境の人生を選んで、この世にやってきた」ということ。非常に勇気のある魂、というふうに捉えることもできます。

どうでしょう、そういう困難に満ちた人生なら、生きている実感が得られるのではありませんか？

そう願うなら、勇気を出して、危険に挑んでください。艱難辛苦を乗り越えて、きっと望み通りの人生が開けると思います。危険に生きる勇気を、そして喜びを持ちましょう。

ただし、思い通りにいかなくて、途中で挫折してしまうこともないとは言えません。その場合は、あなたの思いや計画が最初から途中で挫ける程度のものだっただけ。自分が本当に望んでいることではなかったから、挫折したわけです。

そしてまた挫折も悪いことではありません。「おめでとう」と言いたいくらいです。なぜなら、挫折したということは、自分が本当に望んでいたものを、見つけるチャンスでもあるからです。挫折から学んだことはあなたの宝物になるでしょう。道は必ず開けます。

＊人生は映画のようなもの――――阿部

ぼくはよく、人生を映画にたとえます。

もし、あなたの人生が何の問題もなく、仕事もお金も恋愛も結婚も家庭も人間関係もすべてが順調で、苦労や悩みという感覚を知らないまま老衰で死んでいく、みたいな順風満帆だけど平板なものだったら、どうでしょう？

そんな映画、主役を演じる者として、おもしろくないですよね？　それこそ、生きている実感があまり得られないんじゃないでしょうか。

観客の立場で考えても、うらやましいどころか、途中で見るのをやめたくなるくらいのもの。ましてや「続編を見たい」とは、誰も思わないでしょう。

ということは、ぼくたちは人生からあらゆる問題が消えてなくなることを望んではいるけれど、一方で問題が起きたときのハラハラドキドキを求めているんじゃないでしょうか。

映画でいうなら、それは〝ヒーロー物語〟。山ほど問題が起きて、幾多の困難に見舞われながらも、それらを何とかしようと果敢に挑戦し、クリアしていくようなね。

そういう波瀾万丈の人生を自ら創り出して、そこでぼくたちは遊んでいたいんです。

つらかったり、苦しかったり、悲しかったりする場面が多ければ多いほど、それらを乗り越えたときの喜びは深く大きい。そうして一定のゴールにたどり着いたとき、ぼくらは思うのです。

「あー、そうか。ぼくは生きている喜びをより豊かに感じるために、好んで苦しんでいたんだな」って。

このことを「宇宙的自己」の観点で見ると、どうなるか。

宇宙という大いなるひとつは、あなたを通していろんな経験をしたかった。あなたという個性を経験したかった。だから、あなたが今生にいるわけです。

別の言い方をすると、宇宙は今生を生きるさまざまな人たちの個性を通して、ありとあらゆる経験をすることによって、「自分はいったい何者なのか」を知りたかった、ということです。

だから、この宇宙には、何ひとつムダなことはありません。ぼくたち一人ひとりが経験する現象は、本当に完璧な、緻密な宇宙のはからいのなかで起きているのです。

じゃあ、「生きている実感がない」というのは、どういうことか。

たぶん、何も問題が起きなかった、壁にぶち当たったこともなかった、というわけではないでしょう。そういった現象が生じたときに、「自分には対処できない」と早々に決めつけて、無力感から何も行動を起こさなかった、そこに理由がありそうです。

何かやりたいことがあっても、はなから「ムリだな」と何もしない。あるいは、「失敗するのはイヤだ」と臆病風を吹かして、何もしない。そういうことを繰り返していると、人生が無味乾燥なものになっちゃう。大きな問題が起きないかわりに、生きている実感も得られないわけです。


人生で大事なのは、問題が起きないようにすることではありません。それはムリ。だって、自分では問題を避けた選択をしているつもりでも、やりたいこともやらずに無力感に囚われてしまうという問題が残るじゃないですか。

では、次々と起きる問題を解決しようと、がんばることが大事かっていうと、それも違う。問題というのは、自我が映しだしている「問題の影」に過ぎないので、実体のないものに何発こぶしを繰り出そうと、むなしい戦いに終始するからです。

それじゃあ、どうすればいいのか。一番いいのは、まず自分に起きた問題そのものは、良くも悪くもない「中立の現実」だと認識すること。そして、どんな問題も自分の内なるヒーロー、宇宙的自己がクリアしていくと信じること。そうすれば、とにかく自分を信じて「いま、やりたいこと」に集中できると思います。

いいんですよ、思い通りの結果が得られなくても。世間的に失敗とされても、そこから多くを学んで次に生かせるのだから。事の成否に関わらず、自分にとってはいいことしか起きないと信じて、勇気を出して問題を楽しんでください。それが生きている実感につながるはずです。

安全無難に生きるのもいいけれど、それでは本当の「生」は見つけられません。乱暴に言うと、「生」とは危険を生きることなのです。

第五章

＊

いま、この瞬間の自分が幸せ

不運続きで、自信喪失。
そんな人間は
神様も見放すのかな。

神様は自分のなかにあるもの。
誰もが神様の分身なんです。
だから、自信をもってください。
そして、神たる自分を愛し、
神たるすべての存在を愛しましょう。
そうすれば、どんなに不運・不幸が続いても、
自分がいま、ここに生かされていることに、
感謝する気持ちがわいてきます。

＊神は自分の中にいる――山川

ぼくは生まれて40年以上、「神様なんて絶対にいない」と思っていました。だから、神様を奉じる宗教を信仰することもありませんでした。

ところが、スピリチュアルな世界に触れて、「自分は何者だろう」と探究していったら、まず自分の中に神を見つけました。神様と表現しないで神と表現させてください。その方が大きく感じられるので。

そう、神は自分の中にいたのです。もっと言えば、自分は神の分身であり、大いなる宇宙の一員であると、感得したのです。

もちろん、ぼくのなかにだけ神がいるわけではありません。神は大いなる宇宙そのものですから、その宇宙にあるものは全部、神が顕現したもの。形があって、見えるものは全部、神ですし、見えないエネルギーもまた神です。全ては神の中にあります。

わかりにくいですか？　別の言い方をしましょう。

物質はすべて、原子からできています。その原子の核には、陽子や中性子があって、周りを電子が回っています。その電子を動かしているエネルギーが神のエネルギー。そんなふうに理解してもいいと思います。

だから、どんな不幸・不運に見舞われようとも大丈夫。ぼくらは神の分身でり、宇宙的な大きな愛に包まれた存在なのですから、現象をあるがままに受け入れることができます。

誰にだって、欠点や弱点はあります。容姿も能力も一様ではありません。でも、それは個性であって、誰かと、何かと比較して判断されるべきものではありません。

まず自分を好きになって、神たる自分を信じる。そうすれば自己評価が自然と高まって、いつだって自信満々で生きていけます。

神たる自分を信じるとは、そういうこと。何があろうと、自信を喪失したり、「神様に見放された」なんて落胆したりすることはなくなります。だって、神は絶対に見放したりはしないし、あなたといつも一体です。そして、あなたは存在自体がすばらしいのですから！

このことがわかると、同時に「すべての存在は平等である」ということが腹にすとんと落ちます。自分も神なら、友だちも神、道ですれ違った人も神、会ったことのない誰かも神、動物も植物も鉱物も神……みんな、同じものの顕現ではありませんか。

どうですか、この世に蔓延しているあらゆる差別がおかしくなってきませんか？人より自分は劣っているとか偉いとか、あの大学を出た人、あの一流企業に勤めている人は優れているとか、また人種差別や男女差別、身分差別、職業差別、文化差別など、すべての差別がナンセンスだとわかるはずです。それは人間のエゴが差別して楽しんでいるのです。

そこら中が神のエネルギーに満ちている、つまり愛に満たされていて、神様のなかで溺れてしまいそう。ぼくたちは愛の中にいつもいるのです。それは歓喜の極み。そこがわかれば、生きているだけで、いつも幸せな自分を感じることでしょう。

「神は愛である」と覚えておこう。宇宙は神、つまり愛でできている。僕たちはいつも大きな愛に包まれて、自分の周りのすべてに感謝したくなります。

「ありがとう、宇宙！」

そんな言葉さえ、口をついて出てきます。

そうそう、「ありがとう」で思い出しましたが、これほどパワーのある言葉はありません。そのことを実感したのは、喘息の症状が和らぎ、少し動けるように回復したころに受けたセミナーでのことです。

意識教育研究所というところで波場武嗣先生がされていたそのセミナーのなかに、参加者全員で手をつないで、

「お父さん、ありがとう。お母さん、ありがとう」

と唱えるプログラムがありました。繰り返しやらされて、正直言って「まるで子どもだましだ」と思いました。ぼくは幼稚園生ではない！　なんだこれは！

ところが、疲れて帰宅し、音楽を聴きながら、うつらうつらしていたときのことです。ぼくの口からひとりでに「お父さん、ありがとう。お母さん、ありがとう」という言葉が出てきました。

続いて、子どものころの兄弟の顔や友だちの顔、先生の顔、いままで会ったことの

ある人の顔などが次から次へと浮かんできて、一人ひとりの名前を呼びながら、「ありがとう、ありがとう」と体全体で唱え始めたのです。

さらに、アメリカ合衆国の地図がバーンと目の前に現われ、続いて世界のいろんな国の地図がどんどん目の前に浮かび、「アメリカのみなさん、ありがとう」「中国のみなさん、ありがとう」「アジア大陸のみなさん、ありがとう」……もう「ありがとう」が止まらないくらいでした。

そうして最後には、自分の体がどんどん大きくなって、地球を超えて宇宙に広がり、宇宙とひとつになったのでした。

どこまでが現実だったのか、どこからが夢だったのか、何とも不思議な感覚でした。いまでも、体がどんどん伸びて、部屋の外に広がっていくイメージがまざまざと思いだされます。

別の部屋にいた家内は、ぼくが突然、「ありがとう」と何度も何度も叫ぶものだから、相当驚いたようです。彼女はこのときのことを「ありがとう事件」と呼んでいます。

これを契機に、ぼくの病気は本当に回復に向かっていきました。「ありがとう」という言葉の持つ力にも、ぼくは「ありがとう」と言いたい思いです。

昔、ぼくは「ありがとう」が言えない人間でした。大蔵省の高級官僚であることを鼻にかけ、周囲からもちやほやされ、何でも自分の力でやってきたと驕っていたからでしょう。大きな勘違い人生でした。「ありがとう」という言葉によって、そんなくだらないエリート意識も一掃されたようでした。いまは感謝の気持ちほど大切なものはないと思っています。

＊人間のなかに隠れよう――阿部

10代のころに、誰かからこんな寓話を聞いたことがあります。

昔々、神様は地上にいたそうです。その神様のところに大勢の人間たちが来て、悩みごとを相談したり、欲しいものをおねだりしたり。いつも、長い長い行列ができて、さすがの神様も大変だったようです。

あるとき、神様はたまりかねて、お弟子さんたちに「よし、わしは月にでも行ってしまおう」と言いました。すると、弟子たちは「いやいや、月に行かれても同じですよ。人間はいずれ月にも行くようになりますから」と止めました。

「じゃあ、どこへ隠れようか」となって、神様は最終的にいいことを思いつきました。

「そうだ、わしは人間のなかに隠れるとしよう。自分のなかに私がいることを見つけられるくらいの知性の持ち主だったら、わしにくだらない相談事を持ち込むまい」


おもしろい話だな、と思いました。

当時のぼくは、まったくの自己流で瞑想らしきことをしていた程度。たとえば中学生のころ、受験勉強に疲れて、何となく目を閉じて静かにしていたら、頭がすっきりして、何だか気持ちいいなと感じた、そのくらいの経験しかありませんでした。

それでも、この寓話はぼくの心に響きました。「そうか、神様は自分のなかにいるんだ」と、本気で信じることができたんです。

瞑想に本格的に取り組むようになったのは30歳になってからですが、10代のころに漠然と得心したことは確信になりました。

いま、「神様」という言葉を使いましたが、「仏様」も同じです。人間は困ったことに遭遇すると、「神様、仏様……」って神仏にすがるでしょ？　あれは自分のなかにいる神様、仏様、あるいはスピリチュアル的に言うと宇宙的自己、大いなる自分に知恵を借りよう、そしていいほうに導いてもらおうとしているわけです。

禅では「衆生本来『仏』なり」って言います。

よく死んだ人のことを仏様って言いますが、ここにある「仏」はブッダという意味です。２５００年前の釈迦を指す場合もあるし、真理に至った人、あるいは悟りを開いた人、覚醒した人を意味することもあります。

いずれにせよ、生きとし生けるものはすべて、本来はお釈迦様と同じ仏様だということ。勉強しなくても、修行しなくても、人間はもともと無条件に仏様なのです。

もしかしたら、沖縄の「童神」って言葉も、これにすごく近いかもしれません。生まれたときはみんな、ピカピカに輝いているでしょ？　それに、自由だし、活発だし、エネルギッシュだし、しかも2人として同じ人はいない。まさにダイヤモンドですよ。

ところが、人生で苦い経験をするたびに、自分を「こうするべきだ」っていう枠にはめて、自分で輝きを遮断してしまう。ダイヤモンドを覆うその黒い影が、まさに自我の一部となります。それを人間はいつしか、自分だと思っちゃうわけです。

でも、いいですか、本当は黒い影なんてなかったんです。生まれたときは誰もが「童神」だし、「衆生本来『仏』なり」で、ダイヤモンドなんですから。そのことをもう一度思い出すのが、とても大事なのです。

「自分はまさに神の分身、仏の分身なんだぞ。しかも、この世にひとつきりの、とてつもなく貴重な存在なんだぞ」

いま、不幸・不運続きで自信を失ってしまった人は、そういう肯定的な観念を身につけるといいですね。だって、それは事実なんだから。

え、そんなふうには思えないって？　だったら、観念の書き換え方、新しい観念のつくり方を教えましょう。鏡のなかの自分に向かって、声を出してこう言い続ける。

「自分はＯＫだ、私はＯＫだ、私はＯＫだ、私はＯＫだ……」

バカみたい？　でもね、言葉というのは意識に作用するから、「言い続ける」ことはすごく効果があるんです。誰もいないところでやってみてください。

最初のうちは、鏡のなかの自分が抵抗します。「いや、ちっともＯＫじゃないよ」って。それでも言い続けているうちに、新しい観念ができてきます。「ＯＫだ」がいやなら、「すばらしい」でもいい。もちろん、「神だ」「仏だ」でも悪くはないんですが、言うときの抵抗がちょっと大きくて、時間がかかるかもしれません。


神様・仏様はあなた自身なのですが、ふだんは存在を隠しています。隠れているというよりは、自我という偽の自意識を背負わされて、ぼくらは神様・仏様と分離した存在であるという錯覚を持たされています。

ぼくらは何とかして神たる大いなる自分を見出そうとしますが、完璧なトリックで見えなくさせられている。誰が仕掛けたかというと、神様・仏様であるところの、あなた自身なのです。

神様・仏様はそうやってあなたが分離のなかで生きることを求めています。自我を計画したのも、自我を超えたいと願うのも、なにからなにまで神様・仏様の仕業です。あらゆる喜び、苦しみ、恐れなど、すべてを神様自身が経験したがっていて、一方であなたが分離というトリックから目覚めることを望んでいます。

自分で人間を幻想のなかに入れておいて、そこから脱け出るのを待っているのですから、神様・仏様も暇ですね。

ぼくらはその〝暇神〟〝暇仏〟にハメられて人生を歩んでいるんですから、どんな問題が起きても、高い壁にぶち当たっても、もう深刻になったり、不要な責任を負ったりするのはやめましょう。

やがて何もかもうまくいきます。だって、ぼくらは神様・仏様なのだから！

＊＊＊＊＊＊＊＊＊＊＊＊＊＊＊＊＊＊＊＊＊＊＊

不思議な話④　ミッションってなんだろう？

人は、ミッションをもって生まれてきた

阿部　山川さんはいつも喜びを感じている状態ですか？

山川　え？　そんなでもないけど。

阿部　拝見すると、宇宙からのエネルギーを取り入れて、生き生きとしている感じがします。こないだタイにごいっしょしたときも、階段をぴょんぴょん、少年のように降りてきましたもん。

山川　そう？　だとしたら、アメリカにいた1985年くらいに、「あ、自分はこの

地球に愛と平和を広げるために来たんだ」と思ったのが発端でしょうか。あのとき、ミッションを受け取ったのがとてもうれしい感じがして、自分が生きる価値を認められるようにもなって、それからは毎日を楽しく暮らしてはいますね。阿部さんだって、ミッションがあるでしょう?

阿部　具体的なミッションというのはよくわかりません。ただ、山川さんがどこかで「いまやっていることがミッションだ」って書いていて、そうかなと思う。

山川　それはそう。みんな、気づいても、気づいていなくても、いまやってることがミッションだと、ぼくは思ってます。

阿部　あらゆる仕事の本質は、人の心を豊かにするための奉仕ですよね。それを意識的にやっていこうというのが愛の道だと、ぼくは思います。それは大いなる宇宙の持つ力を、ぼくらが代行しているのだと。

山川　それが、何か大きなミッションみたいなものを感じて生きること。だからこそ、ミッションを知ることは大切だ、とも感じています。

阿部　たしかに、同じことをしていても、志が高いと、体験が違ってきますよね。たとえば、家をつくるにしても、ただ雨露をしのぐためという目的じゃなくて、家族に快適さをプレゼントするためとかね。そうすると、「人のために」っていう意識で家づくりに取り組むわけだから、体験の質が変わってきます。その意味では、ミッションを明確にするのは有意義だと思います。志が高まるから。

山川　阿部さんだって、みんなに瞑想を広めるなかで、宇宙的自己に気づいてもらおうと、覚醒を促すことをやっているわけじゃない？

阿部　ええ。少しでも多くの人に、覚醒の速度を速めるためのお手伝いができたらいいな、と思ってます。山川さんの使命と同じかな。

人は進化している

山川　そのミッションを進めながら思うんだけど、ここのところ目覚める人の増えるスピードが上がってきたんじゃない？　阿部さん、どう思う？

阿部　同感ですね。それこそ30年くらい前、初めて真理を垣間見たころは、ぼくの話をまともに聞こうとする人はほとんどいませんでしたからね。ぼく、どうにかしてこの気づきを伝えなくちゃって、大上段に構えて2年間くらいに渡って友人たちに言い続けていたんですよ。飲み屋街に出かけては、「おい、おまえ、大変だ。いいか、よく聞いてくれよ。俺は……おまえだったんだよ。俺たちはひとつだったんだ！」なんて言って。これでずいぶん嫌われました。

山川　わかります、わかります。ぼくも「すべてを受け入れて愛するとね、地獄のような状況にいると思っていたのが、実は天国にいたことを発見するんだ」なんて話をしたとき、友人から「ハハー、君は現状肯定主義者か」とガッカリされたことがあります。前世とか神様って言っただけで、宗教かと誤解されたし。

阿部　話はちょっとそれますけど、山川さんは絵に描いたような超エリートだったわけで、すごくいいことがいっぱいあったと思うんですけど。

山川　エリートコースを歩いてる、という満足感だけでしたね。仕事は楽しかったけど、周りの人たちは出世のことばかり考えていて、幸せそうには見えなかったなぁ。

阿部　自分たち以外の人たちを見下してたでしょう？

山川　まぁ、ぼくの若いころは、上級職の試験を通った人と、通らなかった人とでは身分的に差別がありましたね。ぼく自身、ちやほやされていい気になっていたところがあったと思いますよ。

阿部　そういう世間の誰もがうらやむような道を、自分の思い通りに歩いていたのに、それを逆転させた山川さんっていうのはすごいなぁ。行き詰まって、人生に絶望するくらいの気持ちにならないと、なかなかそうはならないもん。

山川　年をとって、だんだんわかってきた部分もありますね。もっとも、同僚たちは自分が生きている意味なんて、ほとんど考えたことがないかもしれませんけど。

阿部　大蔵省時代の同期の方たちは、いま、どうされてるんですか？

山川　みんな、天下りしたりして、経済的にはすごい豊かですよ。いまもたまに集まるけど、彼らはぼくのこと、おかしな人だと思ってるようです。だから「スピリチュアルに成長することが、一番大事なんだよ」なんてことは、一言もいいません。でも、みんな、同じ神の子で平等なんだから、「スピリチュアルだから俺はすごい。あいつは全然わかってない」っていうふうになっちゃいけないと自戒してます。

阿部　一度、そこは通りますよね。ぼくにも「人はみんなひとつだ。でも、そのことを俺だけが知っている」みたいな感覚が長いことありました。そういう話のできる人が周りにいなかった、というのもあるけど。

山川　スピリチュアル・エゴといわれていますね。

阿部　はい。精神の物質主義って言い方をする人もいます。スピリチュアルを学んだことが、自我を飾る新しい勲章になっている、みたいな。10年間坐禅をしてきたんだぞ、とか。

山川　それからオールド・ソウル、ニュー・ソウルとかいって、前者はわかっている人、後者はわかっていない人ってさ。阿部さんはどうやってそこを抜けたんですか？

阿部　やっぱり年齢かな。自我に埋没していた昔と同じ間違いを、違う形でしている自分の滑稽さを見たときに、恥ずかしいなと。

山川　話を戻して、いまはもうアセンションの時代ですね。この言葉自体がどんどん一般化していて、人間のスピリチュアル的進化が急速に進んでいる感じがします。

阿部　それはリアルに実感してます。

山川　物理学者にしてスピリチュアリストのピーター・ラッセルは「地球と生物の進化を経て、人間は物質的存在としては進化の極限まで進んだ。その結果、現在のような文明をつくり出したが、いままさに次の進化へと移行しつつある」と言っています。その進化とは、意識の変化ですよね。目に見えるものだけが存在しているという意識から、すべてのものとのワンネスを認識する意識へと進化している。そういう意識の変化がすでに起こっていて、今後はますます覚醒する人が増えるでしょう。ぼくなんかは、人間はまだまだヤんなるまで戦争を繰り返すし、差別もなかなかなくならないとは思うけど、ゆくゆくは……。あるとき、みんなが目覚めたら、戦争も差別もない、互いに助け合う社会が実現すると思います。それじゃあ、おもしろくないですか？

阿部　そんなことはありません。みんなが覚醒して「自分は神の分身だ」と自覚したとき、必ず戦争も差別もない、愛にあふれた社会になりますよ。ただ、ぼくたちはワンネスだけど、一人ひとりには個性がありますから、家族のなかの口ゲンカとか、友だちや仕事仲間とのぶつかり合いくらいのことはなくならないでしょうね。

山川　そりゃ、そうですね。

死の秘密を知れば、生き方が変わる

山川　いま、このまま科学が進歩し続けると、地球が滅びるとか、核家族化が進んでいって家庭が崩壊するとか、自殺者がますます増えるとか、未来を心配する声がよく聞かれます。でも、ぼくは楽観的かもしれないけど、世界は良い方向に向かっていると信頼しているんです。目覚める人が大量に出てくることで、そういった人類の危機を救うことを使命とする人もたくさん生まれてくる、という意味も含めて。

阿部　ぼくもそう思います。たとえば、この本は「人は死なない」ということを大前提にしていますよね。目覚めるというのは、この真理を確信することでもあるんだけど、これがものすごく人生観に影響を与えるんですよ。だって、文化・文明そのものが死への恐怖を前提にして建設されてきた。個人の生き方だって、そう。仕事で成功したいとか、財を成したいとか、権力を持ちたいといった欲望も、その裏には「なるべく長く自分の安全を図りたい」という思いがあります。でもね、みんなが山川さんやぼくのように平然と「人は死なないんだよ」と感じるようになったら、生き方が変わりますよ。やりたいことをガマンして、ムリして自分の身を守ることはしなくなるし、思考が宇宙的規模に広がって全人類的な愛で行動するようになる。文明の根底がとんでもなく変わって、世界はどんどん良い方向に進むと思いますね。

山川 死に対する恐怖がなくなれば、世界は変わる。たしかにそうですね。みんなが神様みたいになる。だって、本当にぼくたちは神様の分身なんだから。そこに気づけば溺れそうになるくらい愛に満ちた世界になりますね。

阿部 あとね、山川さん、意識改革は日本が先導するんじゃないかって、ぼくは思ってるんです、感覚的に。

山川 スピリチュアルの世界では、日本人が目覚めてって話はよく聞きますね。でも、ぼくはあんまり。国粋主義みたいな感じで、日本ばかりよく言い過ぎるのも良くないかなと思うんですが。

阿部 ぼく自身も選民思想の一種かもしれないと思ったことが、何度かあります。でも、起きるような気がしてしょうがない。明治以降の出来事を見ただけでも、世界史上に例のないことがいっぱい起きています。たとえば、江戸城の無血開城。血を流さず、権力移譲を成し遂げた、世界史に類を見ない革命です。あの首謀者である勝海舟や西郷隆盛という人たちは、禅の達人でした。ということは、自我を超えたところを生きていたわけです。

山川　すでに明治時代から、目覚めた人が国を動かしていて、それがアセンションの時代の草創期、みたいな捉え方ですね。

阿部　ええ。それと、国民性ですね。言語が統一されていることや、ひとりが右を向くとみんなが右を向き出す、といった習性がありますよね。大勢にあまり疑問を持たず、そこからこぼれることを嫌う。ということは、ひとつの流れができたら、国単位でぐーっと大きくひとつの方向に向かって行ける国民性を持った民族かなと思うんです。

山川　そういう習性はたしかにありますね。戦争のときみたいに、一気に軍国主義色に染まっちゃうのは困るけど、アセンションが広がるのならすばらしい。

阿部　もうひとつ、いまの時代はひとつの国が経済的混乱に陥ると、世界全体が沈んでしまう危険を孕んでいます。そのうち、乗り越えられない世界同時不況が来る可能性は高いでしょう。そうなってアメリカも中国もEUも日本も、世界全体が沈んでしまったとき、いち早く復活するのは日本じゃないかって思ってます。戦後の焼け跡から奇跡の復活を遂げたあの底力で、経済を復活させるやり方も含めて、世界に影響力を持てるチャンスがやって来ると。

山川　戦争もそうだし、関東大震災、阪神・淡路大震災、東日本大震災……壊滅的な打撃を受けながらも、日本は奇跡的な復活を遂げてきた。それはわかるけど、意識改革とどう結びつくの？

阿部　たとえば、原発問題なら、「原発がなくてもやっていける」ということを、真っ先に証明する。超高齢化問題なら、「高齢者が豊かに暮らすための町づくり」を世界に示す。いまある問題をチャンスととらえて、その先進国になるということが、意識改革という大きなリーダーシップを取っていく入口になると思うんです。

山川　なるほど、わかりました。そういう日本を今生で見るのはムリそうですが、ぼくたちは死なないからね。いつかまた輪廻転生して、その場に立ち会えることを楽しみにしましょう。

阿部　まぁ、肉体のほうも軽くあと40、50年はいけそうですけどね。

山川　お互い、今生でできることを精いっぱいやって、楽しみましょう。

あとがき1

死の常識を超えるために

山川紘矢

今般、阿部敏郎さんと共著で本を出させていただくことになりました。これも前世からの良縁かなと密かに喜びを味わっています。私たちは同じ静岡県の浜松市の生まれですし、同じ巳年生まれ、（彼は一回り若い前途洋々たる若者です）また僕が子供の頃の育った町、引佐町の奥山半僧坊（方広寺）で座禅を組まれたり、「いまここ塾」を開催していたということなので、とても親しみを感じています。奥山半僧坊は僕の中で、幼かった頃のマインドになぜか深くインプットされた名前でした。もちろん訪ねたこともあります。阿部敏郎さんと知り合ってから、彼が歌手だったころの歌をダンスの会で踊ったり、講演会を一緒に開かせていただいたりしました。あるときなどは僕の主催するダンスの会で、実際に彼がヒット曲を歌ってくださったこともあります。会場にいたみなさんはダンスの会なのに、阿部さんの歌う姿に夢中になって彼の歌に聴き惚れてしまい、ダンスどころではなくなって、僕としては困ったものでした。二人で掛け合いの話の会をしたときには、僕が自分の話に夢中になって、阿部さんが話そうとしているのに2度も3度も無視して話し続けてしまったこともありました。いまだにあのときは申し訳なかったと反省しています。実は阿部さんとは前世での関わりがあり、インドでは、僕が阿部さんの弟子だったことがあります。その時、あまり良い弟子ではなかったので破門されたという事もありました。今生、年上の僕が年下の彼の弟子だったということや、破門されたこともあり、そのような前世の話は、彼にはまだ打ち明けていません。

今回は死をテーマにとりあげて、今を生きることがいかに大切かなどを話しあってみました。死の意味、死の秘密を考えることによって、私たちはより良くこの人生を生きる事ができるようになります。私も阿部さんも、大筋のところではとてもわかり合えているような安心感があります。二人とも『死んでも大丈夫』、

＊

あとがき

そして、今ここに生きる事が最も大切だと知っているのです。私ごとですが、昨年末から今年の新年にかけてインドに滞在してきました。インドは何回行っても好きになれず、非衛生的なところとか、人を騙す人がいて安心できないこと、心が氷るような物乞い、あまりの貧困、ヴィザとりの苦労、食べ物が口に合わないことなど、いつももう2度とインドへは行きたくない、と思うばかりでした。そして、今回が7度目だったのですが、今回の旅で自分が変わりました。もう一度、インドに来てもいいな、また来てみたいな、と思ったのです。インドほど死が身近に感じられる場所はなかなかありません。自分がいつ車をぶつけられて死ぬかも分かりませんし、危険はいっぱいです。そして、今回は幸いにして亡くなった人の葬儀にも出会いました。薪の上に死者をのせて、死者の表情までが丸見えで、行列が行進しました。死体を平気で衆人の目にさらしていました。さらに焼き場では薪に火をつけて、死体が燃えて朽ちて行く様も見えるようになっているのです。それをすべて川に流す地域もあるようです。そんな光景を見せるのも、人間は死ねば、ただの骸となり、そこに宿っていた魂はすでに肉体を去っているのだ、ということをみんなが知っているお国柄らしい葬儀のあり方でした。私が滞在していたアシュラムでは死は祝福であるとして、葬儀に参列した人たちはみんな音楽に合わせて祝福の踊りを舞ってニコニコしていました。ところ変われば、死のとらえ方も変わるものです。

本書が死についてより自由に考えられる助けになれば幸いです。阿部さんと自由に対談する時間が持てただけでも僕にとってはとてもありがたいことでした。弟子として、教わることが多いです。我が国の常識である死を不浄なもの、隠すべきもの、遠ざけて考えないようにする、1分でも長生きした方が良いという考え方を越えて行くために、多くの人にトランスフォーメーションが起こることを期待します。そのために沈黙、瞑想の時間を毎日持つことが大切だという点で阿部さんも私も心からそう思っています。本書を手にとっていただき、大変に光栄です。また、本書を生み出してくださった関係者の皆様に厚く感謝します。

あとがき2

死は消滅ではない

阿部敏郎

僕が最初に山川さんご夫妻を知ったのは、25年ほど前です。自己啓発セミナーのトレーナーをしていたころ、受講生が「阿部さんと同じこと言っている本があります」って持ってきてくれたのが「なまけ者のさとり方」でした。

それを読んだとき、内容もさることながら、翻訳本にもかかわらず流れるような美しい日本語に感動しました。で、誰の翻訳だろうと思ったのが最初の出会いです。

次は数年後に、これまた受講生が紹介してくれた「聖なる予言」。

中身を読んだとき、もう感動を通り越して、これは事件だと思いました。

というのも、当時の世の中は怪しげな新興宗教の影響で、少しでも精神世界に関することを語ると、すぐに、〇〇教じゃないかと白い目で見られていたからです。

それが娯楽要素あふれるストーリーで、しかも真理に沿った内容が平易な言葉で綴られている。これを訳した人は凄いと思って見てみると、あの時の山川夫妻の名前がありました。

それからというもの、本を選ぶときは山川夫妻の翻訳本を優先してきましたので、僕にとって山川紘矢・山川亜希子という名前は、精神世界のブランドになっていました。

ですから今回の企画を頂いたときは、大変うれしく、光栄に思いました。

実際にお会いしたのは数年前で、一緒に講演までしていただきました。

紘矢さんとは同じ郷里の出で、干支も一回り違いで同じ。何かご縁があるのかもしれません。

本文でもおっしゃっていましたが、本当に前世でお会いしていたのかもしれません。

✳

あとがき

この本は「死んでも死なない」ということをテーマにしていますが、死後の世界や輪廻転生については、僕自身あまり得意な分野ではありません。

ただ、命が永遠であり、誰一人例外なく永遠の命そのものだということは、内なる経験によって確信しています。

死は消滅ではなく、違う存在形態への移行にすぎません。しかもその形態は、この世の人生よりもっと安らかで喜びに満ちています。

この点については紘矢さんと100％一致しています。

唯一違いがあるとしたら、個別魂が存在し、それが輪廻転生しながら大いなる意識に近づいていくのか、それとも個別魂など存在せず、死んだら直ちに誰もが大いなる意識に融合するのかという点です。紘矢さんは前者の考えを持ち、僕は後者の考えを持っています。

こればかりは死んでみなければわかりませんが、それを確かめられると思うと、死ぬことにもワクワクしてきます。

どちらにせよ最も大切なことは、死後も我々の存在が不滅であるということ、そしてその存在こそが神とか宇宙意識とか呼ばれている壮大な知性のエネルギーであるということ、そしてさらには、「それこそがあなた自身である」ということです。

2015年1月　沖縄の書斎にて

阿部敏郎

99%の人が知らない
死の秘密

2015年3月7日 初版第1刷発行

著者
山川紘矢　阿部敏郎

発行者
笹田大治

発行所
株式会社興陽館
〒113-0024 東京都文京区西片1-17-8 KSビル
TEL：3-5840-7820 FAX：03-5840-7954
URL：http://www.koyokan.co.jp 振替：00100-2-82041

ブックデザイン
albireo

構成
千葉潤子

編集人
本田道生

印刷
KOYOKAN INC.

DTP
有限会社ザイン

製本
ナショナル製本

ISBN978-4-87723-189-7C0095